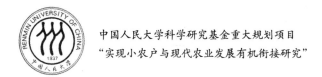

中国人民大学科学研究基金重大规划项目
"实现小农户与现代农业发展有机衔接研究"

U0615608

孔祥智 等◎著

STUDY ON THE PROBLEM OF
RURAL ECOLOGICAL LIVABILITY

# 乡村生态宜居问题研究

经济管理出版社
ECONOMY & MANAGEMENT PUBLISHING HOUSE

图书在版编目（CIP）数据

乡村生态宜居问题研究/孔祥智等著．—北京：经济管理出版社，2020. 1
ISBN 978 - 7 - 5096 - 7046 - 0

Ⅰ. ①乡…　Ⅱ. ①孔…　Ⅲ. ①乡村—生态环境建设—研究—中国　Ⅳ. ①F320. 3②X321. 2

中国版本图书馆 CIP 数据核字（2020）第 022003 号

组稿编辑：郭　飞
责任编辑：曹　靖　郭　飞
责任印制：黄章平
责任校对：董杉珊

出版发行：经济管理出版社
　　　　　（北京市海淀区北蜂窝 8 号中雅大厦 A 座 11 层　100038）
网　　　址：www. E - mp. com. cn
电　　　话：(010) 51915602
印　　　刷：三河市延风印装有限公司
经　　　销：新华书店
开　　　本：720mm × 1000mm/16
印　　　张：12
字　　　数：208 千字
版　　　次：2020 年 5 月第 1 版　2020 年 5 月第 1 次印刷
书　　　号：ISBN 978 - 7 - 5096 - 7046 - 0
定　　　价：78. 00 元

# 课题组成员

**课题负责人：**

孔祥智：中国人民大学农业与农村发展学院教授

**课题组成员：**

卢洋啸：中国人民大学农业与农村发展学院博士研究生

张　琛：中国人民大学农业与农村发展学院博士研究生

张效榕：中国人民大学农业与农村发展学院博士研究生

赵　昶：中国人民大学农业与农村发展学院博士研究生

张怡铭：中国人民大学农业与农村发展学院硕士研究生

黄　斌：中国人民大学农业与农村发展学院硕士研究生

何　妮：中国人民大学农业与农村发展学院硕士研究生

万学远：中国人民大学农业与农村发展学院硕士研究生

蒋承祚：中国人民大学农业与农村发展学院硕士研究生

# 序

  2017 年 10 月，中共十九大报告提出实施乡村振兴战略并将其写入党章。实施乡村振兴战略的总体要求是"产业兴旺、生态宜居、乡风文明、治理有效、生活富裕"。中国各地自然条件差异很大，如何实现符合当地农民生活习惯、生活水平的生态宜居，是考量中央政策水平的重要标准。2018 年 2 月 5 日，中共中央办公厅、国务院办公厅联合发布了《农村人居环境整治三年行动方案》，提出"统筹城乡发展，统筹生产生活生态，以建设美丽宜居村庄为导向，以农村垃圾、污水治理和村容村貌提升为主攻方向，动员各方力量，整合各种资源，强化各项举措，加快补齐农村人居环境突出短板"。2018 年、2019 年两个年度的中央一号文件都对农村人居环境的改善做出了具体部署。2019 年 4 月 3 日，财政部、农业农村部联合发布《关于开展农村"厕所革命"整村推进财政奖补工作的通知》；2019 年 7 月 3 日和 7 月 15 日，中央农村工作领导小组办公室等多个部门联合发布《关于推进农村生活污水治理的指导意见》和《关于切实提高农村改厕工作质量的通知》，分别从污水治理和农村厕所改造两个方面推进生态宜居工作。在推进乡村振兴战略的前两个年头，中央及相关部门连续出台文件，从不同角度进行部署，这充分说明了乡村宜居问题的重要性。20 世纪 90 年代，学术界有一种说法，即"中国农村像非洲，城市像欧洲"，说明二者的差距之大。

  为了全面把握全国乡村宜居工作的推进状况，了解中国农民的生活状态，农业农村部在 2018 年度软科学课题中设置了"乡村生态宜居问题研究"，并委托本人主持，要求在全国范围内选择 10 个宜居乡村进行调查研究，分析它们的特点，归纳宜居乡村的发展模式。按照这个要求，课题组在 2018 年调查了吉林、江苏、浙江、福建的 14 个农村，对实践中的经验进行了总结。应该说，尽管各地的做法都有自己的特点，但总体来说并不尽如人意。课题组所做的总结工作也仅仅是初步的，之所以敢于"献丑"，主要原因是希望这些经验能够发挥作用，对其他地区能够有所启迪。

本书的研究和出版得到了中国人民大学科学研究基金重大规划项目"实现小农户与现代农业发展有机衔接研究"的资助，特此致谢。

孔祥智

2019 年 10 月 24 日，时逢霜降

# 目　　录

# 第1章 建设生态宜居乡村的背景、现状与意义

党的十九大报告提出实施乡村振兴战略，生态宜居是其中的重要内容。各地区陆续推进美丽乡村建设，在乡村生态宜居建设方面取得了巨大成就。特别是一些发展较好的乡村积累了丰富经验，但也暴露出一些矛盾和问题。因此，有必要从理论角度梳理乡村生态宜居的内涵与外延，系统总结建设生态宜居乡村的实践经验。本书根据中国人民大学课题组实地调研的情况，深入剖析存在的现实性问题，提出加快推进乡村生态宜居建设的政策建议。

## 1.1 内涵与核心要素

### 1.1.1 乡村生态宜居的内涵

习近平总书记在党的十九大报告中首次提出实施乡村振兴战略，按照"产业兴旺、生态宜居、乡风文明、治理有效、生活宽裕"的总要求，建立健全城乡融合发展的体制、机制，加快推进农业农村现代化。党的十六届五中全会提出了要按照"生产发展、生活富裕、乡风文明、村容整洁、管理民主"的要求，扎实推进社会主义新农村建设。经过十余年的发展，生态宜居替代了村容整洁，不仅是对村容整洁的继承，更是顺应时代发展需要而提出的更高要求。

对乡村生态宜居内涵的理解，首先应该厘清生态与宜居的关系。"生态"是指自然生态与人文生态共生共融的高度耦合关系，"宜居"是指人类生存的本性

诉求与愉悦居住的有机统一。后者以前者为基础，是保障居住人群身体健康的重要条件之一。乡村如果有了美丽的"生态"，但不具备为村民正常生活提供便利的各项基础设施，就不能很好地回应农民的生存诉求，不能达到"宜居"状态。因此"生态"是达到"宜居"状态的重要但非唯一的条件，即"宜居"一定要求"生态"，但"生态"并不一定必然导致"宜居"。

究竟什么是"乡村生态宜居"？乡村生态宜居建设与生态宜居城市建设相对应，重点侧重于乡村的生态建设与规划。注重绿化建设、基础设施建设、村级规划建设等综合性建设项目，通常以多项指标来衡定宜居的理想程度，包括农村的自然环境、农民的生活条件、农村的精神文化建设等方面内容。

从"生态"和"宜居"的关系不难看出，乡村生态宜居是乡村生态与乡村宜居的有机统一。乡村生态更多的是从农村生态环境的角度来说的，人与自然和谐相处，农村居民能够与自然生态之间形成良性的有机循环体系。乡村宜居则是从人为的农村居住环境来说的，既包括农村污水、垃圾、厕所、道路、路灯等村内生活类基础设施建设、运行维护的水平，又包括农村居民文体娱乐、医疗条件等多方面因素。因此，乡村生态宜居包含乡村生态与乡村宜居两重状态，两者缺一不可。

### 1.1.2 乡村生态宜居的核心要素

乡村生态宜居的核心要素主要包含三方面，分别是自然生态环境、生活类基础设施建设与运维管理、文化传承。

一是自然生态环境。生态宜居乡村第一个衡量指标就是自然生态环境优美度，可以用山林湖田草以及后期绿化的覆盖面积占比来衡量。生态宜居必然要求自然生态环境优美，农业资源本身就是自然生态环境的重要组成部分，包括种植业、园艺业、林业、水面、山地等。

二是生活类基础设施建设与运维管理。生活类基础设施包括农村的污水处理设施、垃圾处理设施、公共厕所、采暖设施、文体娱乐、医疗保健、养老场所等与农村居民生活质量息息相关的基础设施，这些基础设施的建设与运维管理水平直接决定了乡村的宜居程度。农村税费改革后，农村生活类基础设施建设投融资较为困难，设施运维管理缺乏长效管理机制。如何补齐农村生活类基础设施建设的"短板"，并形成长效运维管理机制，对乡村生态宜居建设至关重要。

三是文化传承。中国乡村经历了数千年的发展，培育了各具特色的农耕文化，各地形成了差异化的乡村习俗，浓郁的乡土文化培育了一代又一代人。乡村生态宜居建设绝不是要阻断农耕文化的传承；相反，文化传承是乡村生态宜居建设的重要内容之一，要把优秀的传统乡村文化世代传承下去。

# 1.2　政策背景与意义

## 1.2.1　政策背景

2012 年 10 月，党的十八大报告提出建设美丽中国的治国理念，2013 年中央一号文件指出："加强农村生态建设、环境保护和综合整治，努力建设美丽乡村。"2015 年中央一号文件指出："中国要美，农村必须美。""鼓励各地从实际出发开展美丽乡村创建示范。"党的十九大报告中指出实施乡村振兴战略，坚持农业农村优先发展，并指出"产业兴旺、生态宜居、乡风文明、治理有效、生活富裕"的总要求。2018 年中央一号文件对乡村振兴战略的实施进行了全面部署，指出了三个阶段的目标任务，即："到 2020 年，乡村振兴取得重要进展，制度框架和政策体系基本形成……农村基础设施建设深入推进，农村人居环境明显改善，美丽宜居乡村建设扎实推进……""到 2035 年，乡村振兴取得决定性进展，农业农村现代化基本实现……农村生态环境根本好转，美丽宜居乡村基本实现"。"到 2050 年，乡村全面振兴，农业强、农村美、农民富全面实现"。表 1－1 梳理了近年来建设生态宜居美丽乡村的相关政策。

表 1－1　近年来有关乡村生态宜居方面的政策梳理

| 发布日期 | 文件名称 | 内容摘要 |
| --- | --- | --- |
| 2012 年 11 月 8 日 | 《坚定不移沿着中国特色社会主义道路前进　为全面建成小康社会而奋斗》 | 大力推进生态文明建设，努力建设美丽中国，实现中华民族永续发展 |
| 2012 年 12 月 31 日 | 《中共中央　国务院关于加快发展现代农业　进一步增强农村发展活力的若干意见》（中发〔2013〕1 号） | 推进农村生态文明建设。加强农村生态建设、环境保护和综合整治，努力建设美丽乡村 |

续表

| 发布日期 | 文件名称 | 内容摘要 |
|---|---|---|
| 2015 年 2 月 1 日 | 《中共中央 国务院关于加大改革创新力度加快农业现代化建设的若干意见》 | 鼓励各地从实际出发，开展美丽乡村创建示范。有序推进村庄整治，切实防止违背农民意愿大规模撤并村庄、大拆大建 |
| 2015 年 9 月 16 日 | 《关于积极开发农业多种功能 大力促进休闲农业发展的通知》（农加发〔2015〕5 号） | 要按照生态文明建设的要求，遵循开发与保护并举、生产与生态并重的理念，统筹考虑资源和环境承载能力，加大生态环境保护力度，实现经济、生态、社会效益全面可持续发展 |
| 2016 年 9 月 1 日 | 《关于大力发展休闲农业的指导意见》（农加发〔2016〕3 号） | 遵循开发与保护并举、生产与生态并重的观念，统筹考虑资源和环境承载能力，加大生态环境保护力度，走生产发展、生活富裕、生态良好的文明发展道路 |
| 2017 年 10 月 18 日 | 《决胜全面建成小康社会夺取新时代中国特色社会主义伟大胜利》 | 必须树立和践行"绿水青山就是金山银山"的理念，坚持节约资源和保护环境的基本国策，像对待生命一样对待生态环境，统筹山水林田湖草系统治理，实行最严格的生态环境保护制度，形成绿色发展方式和生活方式，坚定走生产发展、生活富裕、生态良好的文明发展道路，建设美丽中国 |
| 2017 年 4 月 26 日 | 《全国农村环境综合整治"十三五"规划》 | 着力解决群众反映强烈的农村突出环境问题，改善农村人居环境，提升农村生态文明建设水平 |
| 2018 年 1 月 2 日 | 《中共中央 国务院关于实施乡村振兴战略的意见》 | 乡村振兴，生态宜居是关键。正确处理开发与保护的关系，运用现代科技和管理手段，将乡村生态优势转化为发展生态经济的优势，提供更多更好的绿色生态产品和服务，促进生态和经济良性循环。实施乡村绿化行动，全面保护古树名木。持续推进宜居宜业的美丽乡村建设 |
| 2018 年 2 月 5 日 | 《农村人居环境整治三年行动方案》 | 以建设美丽宜居村庄为导向，以农村垃圾、污水治理和村容村貌提升为主攻方向，动员各方力量，整合各种资源，强化各项举措，加快补齐农村人居环境突出"短板" |

资料来源：根据相关文件整理。

### 1.2.2  重要意义

#### 1.2.2.1  乡村振兴战略的关键环节

2018 年中央一号文件指出："乡村振兴,生态宜居是关键。良好生态环境是农村最大优势和宝贵财富。必须尊重自然、顺应自然、保护自然,推动乡村自然资本加快增值,实现百姓富、生态美的统一。"改善农村人居环境,建设美丽宜居乡村,是实施乡村振兴战略的一项重要任务,关乎农民群众的"钱袋子",关乎农村社会的发展。把建设美丽乡村与经营美丽乡村统一起来,着力培育农村新型业态,激发农村内生动力,建设生态宜居的美丽乡村。

#### 1.2.2.2  农村生态保护的现实需要

《全国农村环境综合整治"十三五"规划》的数据显示,我国农村环保基础设施仍严重不足,仍有 40% 的建制村没有垃圾收集处理设施,78% 的建制村未建设污水处理设施,40% 的畜禽养殖废弃物未得到资源化利用或无害化处理。农村环境"脏乱差"问题依然突出,38% 的农村饮用水水源地未划定保护区或保护范围,49% 的农村未规范设置警示标志,一些地方农村饮用水水源存在安全隐患。农村每年产生超过 90 亿吨生活污水和 2.8 亿吨生活垃圾,大量污水没有经过有效处理就随意排放,造成了严重的环境污染。

《农村人居环境整治三年行动方案》提出到 2020 年,实现农村人居环境明显改善,村庄环境基本干净整洁有序,村民环境与健康意识普遍增强。具体来说,东部地区基本实现农村生活垃圾处置体系全覆盖,基本完成农村户用厕所无害化改造,厕所粪污基本得到处理或资源化利用,农村生活污水治理率明显提高;中西部地区力争村庄生活垃圾处理率达到 90% 左右,卫生厕所普及率达到 85% 左右,生活污水乱排乱放得到管控;地处偏远、经济欠发达等地区,在优先保障农民基本生活条件基础上,实现人居环境干净整洁的基本要求。

因此,建设生态宜居的美丽乡村,有利于促进农村的生态保护,有利于推进农村生活垃圾、污水、厕所粪污的治理,有利于解决农村环境污染问题。我国农村生态保护既是制度的硬性要求,更是农村生态保护的现实需要。

#### 1.2.2.3  城乡融合发展的内在要求

习近平总书记曾指出,"推进城镇化是解决'三农'问题的重要途径,是推动区域协调发展的有力支撑","城镇建设要体现尊重自然、顺应自然、天人合一的理念,依托现有山水脉络等独特风光,让城市融入大自然,让居民望得见山、看得见水、记得住乡愁"。实践证明，城和乡是联动的共同体，城市化离不开农业农村的现代化，农村现代化也离不开城市化，建设生态宜居的美丽乡村是实现城乡融合发展的内在要求。

# 1.3 建设现状

全国各地已经在乡村生态宜居建设方面开展了多种形式的实践与探索，基于一到三次全国农业普查数据，从乡村建设进程中的几个主要方面，分析我国乡村的建设现状。

### 1.3.1 农村道路建设

截至 2016 年末，在乡镇地域范围内，有火车站的乡镇占全部乡镇的 8.6%，有码头的乡镇占全部乡镇的 7.7%，有高速公路出入口的乡镇占全部乡镇的 21.5%，有 99.3% 的村通公路，有 61.9% 的村内主要道路有路灯。村委会到最远自然村、居民定居点距离以 5 公里内为主。全国各地乡镇、村交通设施指标情况如表 1-2 所示。

对比第二次全国农业普查的数据，截至 2006 年末，在乡镇地域内，有火车站的乡镇占全部乡镇的 9.6%，有码头的乡镇占全部乡镇的 8.9%，有二级以上公路通过的乡镇占全部乡镇的 46.1%。乡镇政府所在地距县城在 1 小时车程内的乡镇占全部乡镇的 78.1%，距一级公路或高速公路出入口在 50 公里之内的乡镇占全部乡镇的 61.3%。我国农村道路建设取得显著成效。表 1-2 根据国家统计局公布的官方数据，对我国按照地区进行了统计。

表 1-2　2016 年底乡镇、村交通指标数据统计　　　　单位:%

| 指标 | 全国 | 东部地区 | 中部地区 | 西部地区 | 东北地区 |
|---|---|---|---|---|---|
| 有火车站的乡镇 | 8.6 | 7.6 | 8.3 | 7.7 | 18.0 |
| 有码头的乡镇 | 7.7 | 10.0 | 8.5 | 6.7 | 3.3 |
| 有高速公路出入口的乡镇 | 21.5 | 28.9 | 22.6 | 17.0 | 19.9 |

续表

| 指标 | 全国 | 东部地区 | 中部地区 | 西部地区 | 东北地区 |
|---|---|---|---|---|---|
| 通公路的村 | 99.3 | 99.9 | 99.5 | 98.3 | 99.7 |
| 按通村主要道路路面类型分的村 | | | | | |
| 　水泥路面 | 76.4 | 76.4 | 86.1 | 70.2 | 59.3 |
| 　柏油路面 | 20.2 | 22.2 | 12.3 | 22.5 | 35.1 |
| 　沙石路面 | 2.3 | 0.6 | 1.0 | 5.3 | 3.5 |
| 按村内主要道路路面类型分的村 | | | | | |
| 　水泥路面 | 80.9 | 84.0 | 89.7 | 72.7 | 60.0 |
| 　柏油路面 | 8.6 | 11.1 | 3.4 | 9.0 | 15.9 |
| 　沙石路面 | 6.7 | 2.4 | 4.7 | 11.7 | 18.9 |
| 村内主要道路有路灯的村 | 61.9 | 85.9 | 59.8 | 35.5 | 54.1 |
| 村委会到最远自然村或居民定居点距离 | | | | | |
| 　5 公里以内 | 90.8 | 97.1 | 93.0 | 80.7 | 90.9 |
| 　6~10 公里 | 6.6 | 2.3 | 5.5 | 13.0 | 7.1 |
| 　11~20 公里 | 2.0 | 0.5 | 1.3 | 4.6 | 1.6 |
| 　20 公里以外 | 0.6 | 0.1 | 0.2 | 1.7 | 0.4 |

资料来源：国家统计局第三次全国农业普查主要数据公报。

### 1.3.2　农村环境卫生

第三次全国农业普查对全国 31925 个乡镇和 596450 个村的基础设施建设和基本社会服务进行了调查，在农村环境卫生方面，2016 年末，91.3% 的乡镇集中或部分集中供水，90.8% 的乡镇生活垃圾集中处理或部分集中处理。73.9% 的村生活垃圾集中处理或部分集中处理，17.4% 的村生活污水集中处理或部分集中处理，53.5% 的村完成或部分完成改厕。全国各地区乡镇、村卫生处理设施如表 1-3 所示。

在第二次农业普查的 19391 个镇中，72.3% 的镇实施集中供水，19.4% 的镇生活污水经过集中处理，36.7% 的镇有垃圾处理站。24.5% 的村饮用水经过集中净化处理，15.8% 的村实施垃圾集中处理，33.5% 的村有沼气池，20.6% 的村完成改厕，十年间农村的环境卫生发生了翻天覆地的变化。

表1-3  乡镇、村卫生处理设施                              单位:%

|  | 全国 | 东部地区 | 中部地区 | 西部地区 | 东北地区 |
|---|---|---|---|---|---|
| 集中或部分集中供水的乡镇 | 91.3 | 96.1 | 93.1 | 87.1 | 93.6 |
| 生活垃圾集中处理或部分集中处理的乡镇 | 90.8 | 94.6 | 92.8 | 89.0 | 82.3 |
| 生活垃圾集中处理或部分集中处理的村 | 73.9 | 90.9 | 69.7 | 60.3 | 53.1 |
| 生活污水集中处理或部分集中处理的村 | 17.4 | 27.1 | 12.5 | 11.6 | 7.8 |
| 完成或部分完成改厕的村 | 53.5 | 64.5 | 49.1 | 49.1 | 23.7 |

资料来源:国家统计局第三次全国农业普查主要数据公报。

以农村生活垃圾处理为例,通过对比2007~2016年的《城乡建设统计年鉴》数据,可以发现,仅以行政村处理生活垃圾和有生活垃圾处理点的比例进行比较,农村生活垃圾治理发展状况成效显著,具体数据如表1-4所示。

表1-4  2007~2016年行政村生活垃圾处理情况

| 年份 | 行政村对生活垃圾处理的比例 | 行政村有生活垃圾处理点的比例 |
|---|---|---|
| 2007 | 10.1% | 26.8% |
| 2008 | 11.7% | 31% |
| 2009 | 17.7% | 35% |
| 2010 | 20.8% | 37.6% |
| 2011 | 24.5% | 41.9% |
| 2012 | 29.4% | 47.4% |
| 2013 | 36.6% | 54.8% |
| 2014 | 48.2% | 64% |
| 2015 | 62.2% | — |
| 2016 | 65% | — |

资料来源:根据2007~2016年《城乡建设统计年鉴》数据整理。

2004~2018年的中央一号文件都对农村环境污染治理提出了意见或要求。加强农村环境治理,不仅是建设生态文明的必然要求,也是建设美丽乡村的重要任务,更是统筹城乡发展的重要举措。表1-5梳理了2004~2018年中央一号文件中关于农村环境治理的相关内容。

### 表1-5　2004~2018年关于农村环境治理内容梳理

| 时间 | 文件名称 | 相关内容 |
|---|---|---|
| 2004年1月 | 《中共中央　国务院关于促进农民增加收入若干政策的意见》 | 有条件的地方，要加快推进村庄建设与环境整治 |
| 2005年1月 | 《中共中央　国务院关于进一步加强农村工作提高农业综合生产能力若干政策的意见》 | 禁止生产、销售和使用高毒、高残留农药 |
| 2006年2月 | 《中共中央　国务院关于推进社会主义新农村建设的若干意见》 | 要大力开发节约资源和保护环境的农业技术，重点推广废弃物综合利用技术。加大力度防治农业面源污染。搞好农村污水、垃圾治理，改善农村环境卫生 |
| 2007年1月 | 《中共中央　国务院关于积极发展现代农业扎实推进社会主义新农村建设的若干意见》 | 鼓励农民发展绿肥、秸秆还田和施用农家肥。加快实施乡村清洁工程，推进人畜粪便、农作物秸秆、生活垃圾和污水的综合治理和转化利用。加强农村环境保护，减少农业面源污染，搞好江河湖海的水污染治理 |
| 2008年1月 | 《中共中央　国务院关于切实加强农业基础建设进一步促进农业发展农民增收的若干意见》 | 加大农业面源污染防治力度，抓紧制定规划，切实增加投入，落实治理责任，加快重点区域治理步伐 |
| 2009年2月 | 《中共中央　国务院关于2009年促进农业稳定发展农民持续增收的若干意见》 | 安排专门资金，实行以奖促治，支持农业农村污染治理 |
| 2010年1月 | 《中共中央　国务院关于加大统筹城乡发展力度进一步夯实农业农村发展基础的若干意见》 | 加强农业面源污染治理，发展循环农业和生态农业。实行以奖促治政策，稳步推进农村环境综合整治，搞好垃圾、污水处理，改善农村人居环境 |
| 2011年1月 | 《中共中央　国务院关于加快水利改革发展的决定》 | 加强农村饮水安全工程运行管理，落实管护主体，加强水源保护和水质监测，确保工程长期发挥效益 |
| 2012年2月 | 《关于加快推进农业科技创新持续增强农产品供给保障能力的若干意见》 | 把农村环境整治作为环保工作的重点，完善以奖促治政策，逐步推行城乡同治。推进农业清洁生产，引导农民合理使用化肥农药，加强农村沼气工程建设，加快农业面源污染治理和农村污水、垃圾处理，改善农村人居环境 |

续表

| 时间 | 文件名称 | 相关内容 |
|---|---|---|
| 2013 年 1 月 | 《中共中央 国务院关于加快发展现代农业，进一步增强农村发展活力的若干意见》 | 强化农业生产过程环境监测，严格农业投入品生产经营使用管理，积极开展农业面源污染和畜禽养殖污染防治。加强农作物秸秆综合利用。搞好农村垃圾、污水处理和土壤环境治理，实施乡村清洁工程，加快农村河道、水环境综合整治 |
| 2014 年 1 月 | 《关于全面深化农村改革加快推进农业现代化的若干意见》 | 加大农业面源污染防治力度，支持高效肥和低残留农药使用、规模养殖场畜禽粪便资源化利用、新型农业经营主体使用有机肥、推广高标准农膜和残膜回收等试点 |
| 2015 年 2 月 | 《关于加大改革创新力度加快农业现代化建设的若干意见》 | 实施农业环境突出问题治理总体规划和农业可持续发展规划。建立健全农业生态环境保护责任制，加强问责监管，依法依规严肃查处各种破坏生态环境的行为 |
| 2016 年 1 月 | 《关于落实发展新理念加快农业现代化实现全面小康目标的若干意见》 | 深入开展农村人居环境治理和美丽宜居乡村建设。推进农村生活垃圾治理专项行动，促进垃圾分类和资源化利用，选择适宜模式开展农村生活污水治理，加大力度支持农村环境集中连片综合治理和改厕 |
| 2017 年 2 月 | 《中共中央 国务院关于深入推进农业供给侧结构性改革加快培育农业农村发展新动能的若干意见》 | 集中治理农业环境突出问题。扩大农业面源污染综合治理试点范围。深入开展农村人居环境治理和美丽宜居乡村建设。推进农村生活垃圾治理专项行动，促进垃圾分类和资源化利用，选择适宜模式开展农村生活污水治理，加大力度支持农村环境集中连片综合治理和改厕 |
| 2018 年 2 月 | 《中共中央 国务院关于实施乡村振兴战略的意见》 | 加强农村突出环境问题综合治理。加强农村水环境治理和农村饮用水水源保护，实施农村生态清洁小流域建设。加强农村环境监管能力建设，落实县乡两级农村环境保护主体责任 |

资料来源：2004～2018 年中央一号文件。

### 1.3.3　农村厕所革命

厕所是人们日常生活的必备设施，也是一个地方文明程度的标志。农村旱厕大量存在，严重影响了农村的生态环境和农村居民的身体健康。原国家旅游局发布的《厕所革命推进报告》中曾提到，农村地区80%的传染病是由厕所粪便污染和饮水不卫生引起的。

习近平总书记多次作出推进"厕所革命"重要指示。2014年12月，习近平总书记在江苏调研时表示，解决好厕所问题在新农村建设中具有标志性意义，要因地制宜做好厕所下水道管网建设和农村污水处理，不断提高农民生活质量。

2015年7月16日，习近平总书记在视察吉林延边时指出，随着农业现代化步伐加快，新农村建设也要不断推进，要来场"厕所革命"，让农村群众用上卫生的厕所。光东村的旱厕改造工程早已全部完成，为推广农村厕所改造提供了宝贵经验。和龙市整合各部门涉农资金，采取多种方式解决改厕资金，降低农民负担。合理拟定改厕的适用类型、技术标准和改造要求，并确定厕所建造位置，与农户签订施工协议。采取了"分散式"处理方式，利用单户净化槽处理污水，2015年光东村启动厕所革命时，户均改厕资金为1.8万元。

2016年8月19日，习近平总书记在全国卫生与健康大会上肯定了厕所革命的重要意义和成果，提出持续开展城乡环境卫生整洁行动，再次强调要在农村来一场"厕所革命"。2017年11月27日，习近平就旅游系统推进"厕所革命"工作取得的成效作出重要指示。习近平指出，厕所问题不是小事情，是城乡文明建设的重要方面，不但景区、城市要抓，农村也要抓，要把这项工作作为乡村振兴战略的一项具体工作来推进，努力补齐这块影响群众生活品质的"短板"。

农村厕所革命，已经写进了2018年的政府工作报告，而且是重点办理的民生实事之一。这是继2017年11月国家旅游局发布《全国旅游厕所建设管理新三年行动计划（2018—2020）》后，国家层面再次提及厕所革命。

第三次全国农业普查对23027万农户进行了调查，使用水冲式卫生厕所的农户有8339万户，占36.2%；使用水冲式非卫生厕所的农户有721万户，占3.1%；使用卫生旱厕的农户有2859万户，占12.4%；使用普通旱厕的农户有10639万户，占46.2%；无厕所的农户有469万户，占2.0%。2008年公布的第二次全国农业普查是对22108万户农村居民进行了调查，其中使用水冲式厕所的农户有2838万户，占12.8%；使用旱厕的农户有9796万户，占44.3%；使用简易厕所或无厕所的农户有9474万户，占42.9%。表1-6梳理了我国农村改厕进程中的相关内容。

表1-6 我国农村改厕的政策演变

| 时间 | 文件名称或重要指示 | 主要内容 |
|---|---|---|
| 1994年3月 | 《国务院关于印发卫生部和国家中医药管理局职能配置、内设机构和人员编制方案的通知》（国办发〔1994〕49号） | 提出组织实施全国农村改水、改厕规划，开展全民健康教育，动员全社会参与卫生工作 |
| 1997年1月 | 《中共中央 国务院关于卫生改革与发展的决定》（中发〔1997〕3号） | 在农村继续以改水改厕为重点，带动环境卫生的整治，预防和减少疾病发生，促进文明村镇建设 |
| 2006年10月 | 《国家农村小康环保行动计划》 | 因地制宜开展农村生活污水处理，结合农村沼气建设与改水、改厕、改厨、改圈，逐步提高生活污水处理率 |
| 2007年11月 | 《关于加强农村环境保护工作的意见》 | 加强粪便的无害化处理，按照国家农村户厕卫生标准，推广无害化卫生厕所 |
| 2008年3月 | 《关于加强农村环境保护工作意见的通知》 | 大力推进农村生活污染治理。加强粪便的无害化处理，按照国家农村户厕卫生标准，推广无害化卫生厕所 |
| 2015年4月 | 习近平总书记2015年4月1日，专门就厕所革命作出重要批示 | 抓厕所革命，从小处着眼、实处入手，是提升旅游品质的务实之举 |
| 2015年7月 | 习近平总书记2015年7月16日在吉林省延边州光东村指出 | 基本公共服务要更多向农村倾斜，向老少边穷地区倾斜。调研期间再次提出厕所革命有关要求 |
| 2016年12月 | 《国务院关于印发"十三五"脱贫攻坚规划的通知》（国发〔2016〕64号） | 加快农村卫生厕所建设进程，坚持因地制宜、集中连片、整体推进农村改厕工作，力争到2020年农村卫生厕所普及率达到85%以上 |
| 2017年3月 | 《国务院关于印发"十三五"推进基本公共服务均等化规划的通知》（国发〔2017〕9号） | 深入开展爱国卫生运动，继续推进卫生城镇创建工作，开展健康城市、健康村镇建设，实施全国城乡环境卫生整洁行动，加快农村改厕，农村卫生厕所普及率提高到85% |
| 2017年11月 | 习近平总书记作出重要指示 | 坚持不懈推进"厕所革命"，努力补齐影响群众生活品质"短板" |

资料来源：根据习近平总书记指示精神及相关文件指示整理。

### 1.3.4 农村饮用水改造

第三次全国农业普查对 23027 万户农户的生活条件进行了调查,其中 10995 万户农户的饮用水为经过净化处理的自来水,占 47.7%;9572 万户农户的饮用水为受保护的井水和泉水,占 41.6%;2011 万户农户的饮用水为不受保护的井水和泉水,占 8.7%;130 万户农户的饮用水为江河湖泊水,占 0.6%;155 万户农户的饮用水为收集雨水,占 0.7%;67 万户农户的饮用水为桶装水,占 0.3%;96 万户农户饮用其他水源,占 0.4%。第二次全国农业普查对 22108 万户农村居民的生活条件进行了调查,其中有 2265 万户住户反映获取饮用水存在困难,占 10.3%;使用管道水的住户有 10754 万户,占 48.6%。5101 万户住户的饮用水经过净化处理,占 23.1%;9231 万户住户的饮用水为深井水,占 41.8%;6151 万户住户的饮用水为浅井水,占 27.8%;619 万户住户的饮用水来源于江河湖水,占 2.8%;303 万户住户的饮用水为池塘水,占 1.4%;316 万户住户的饮用水来源于雨水,占 1.4%;387 万户住户的饮用水来源于其他水源,占 1.7%。

第二次全国农业普查主要数据公报发布的时间是 2008 年 2 月 26 日,第三次全国农业普查主要数据公报发布的时间是 2017 年 12 月 16 日,在将近 10 年的时间里,从宏观数据的对比中可以看出,农村饮用水改造成效显著。表 1-7 按地区根据饮用水来源进行了统计。

表 1-7  按饮用水来源划分的住户构成　　　　　　　单位:%

|  | 全国 | 东部地区 | 中部地区 | 西部地区 | 东北地区 |
| --- | --- | --- | --- | --- | --- |
| 经过净化处理的自来水 | 47.7 | 62.3 | 43.9 | 38.2 | 36.1 |
| 受保护的井水和泉水 | 41.6 | 33.5 | 42.8 | 45.8 | 58.5 |
| 不受保护的井水和泉水 | 8.7 | 3.5 | 11.9 | 11.8 | 5.3 |
| 江河湖泊水 | 0.6 | 0.1 | 0.4 | 1.3 | 0.0 |
| 收集雨水 | 0.7 | 0.0 | 0.4 | 1.7 | 0.0 |
| 桶装水 | 0.3 | 0.2 | 0.4 | 0.4 | 0.0 |
| 其他水源 | 0.4 | 0.3 | 0.3 | 0.8 | 0.1 |

资料来源:国家统计局第三次全国农业普查主要数据公报。

### 1.3.5 其他方面

根据国家统计局公布的数据，截至 2016 年底，全国 99.7% 的村通电，11.9% 的村通天然气，25.1% 的村有电子商务配送站点，农村基础设施建设亟待提高。在农村基本公共服务方面，截至 2016 年末，96.8% 的乡镇有图书馆、文化站，11.9% 的乡镇有剧场、影剧院，16.6% 的乡镇有体育场馆，70.6% 的乡镇有公园及休闲健身广场，59.2% 的村有体育健身场所，96.5% 的乡镇有幼儿园、托儿所，98.0% 的乡镇有小学，32.3% 的村有幼儿园、托儿所，99.9% 的乡镇有医疗卫生机构，98.4% 的乡镇有执业（助理）医师，66.8% 的乡镇有社会福利收养性单位，81.9% 的村有卫生室。

# 第2章 调研村生态宜居建设情况

为了更全面、准确地了解乡村生态宜居建设的现实情况，中国人民大学课题组于2018年4~7月针对5省9市20村开展了乡村生态宜居建设的专题调研，基于实地调研，归纳总结了调研村的生态宜居发展模式。

## 2.1 调研概况

### 2.1.1 调研村的选取

2018年4~7月课题组针对5省9市20村开展了乡村生态宜居建设的专题调研。调研的主要形式包括村庄内部实地走访调研和课题组成员与村干部一对一座谈。调研的主要内容包括村内垃圾治理、厕所、厨房革命、美丽乡村建设、人居环境改善、生态保护等多方面的实际情况。

考虑到调研样本的代表性，课题组选取了浙江、江苏、吉林、河南、福建5个省份的行政村作为调研区域。其中浙江、江苏和福建为东部沿海省份，经济发展水平相对较高，农业小部门化趋势更为明显，共实地调研了浙江2村、江苏6村和福建2村，来代表东部沿海经济较为发达区域的乡村生态宜居建设情况。吉林、河南两省为中国传统粮食主产区，共实地调研了吉林7村、河南3村，来代表粮食主产区乡村生态宜居建设情况。调研村如表2-1所示。

表 2 - 1　乡村生态宜居课题调研的行政村一览

| 序号 | 省份 | 市（自治州） | 县（区） | 镇（乡） | 村 |
|---|---|---|---|---|---|
| 1 | 吉林省 | 四平市 | 伊通满族自治县 | 大孤山镇 | 陈家村 |
| 2 | 吉林省 | 四平市 | 伊通满族自治县 | 伊通镇 | 小营城子村 |
| 3 | 吉林省 | 吉林市 | 龙潭区 | 江北乡 | 棋盘村 |
| 4 | 吉林省 | 吉林市 | 昌邑区 | 孤店子镇 | 大荒地村 |
| 5 | 吉林省 | 长春市 | 农安县 | 合隆镇 | 陈家店村 |
| 6 | 吉林省 | 延边朝鲜族自治州 | 龙井市 | 东盛涌镇 | 东明村 |
| 7 | 吉林省 | 延边朝鲜族自治州 | 和龙市 | 东城镇 | 光东村 |
| 8 | 江苏省 | 泰州市 | 高港区 | 白马镇 | 陈家村 |
| 9 | 江苏省 | 泰州市 | 高港区 | 大泗镇 | 康乐村 |
| 10 | 江苏省 | 泰州市 | 高港区 | 胡庄镇 | 赵市村 |
| 11 | 江苏省 | 泰州市 | 高港区 | 许庄街道 | 乔杨社区 |
| 12 | 江苏省 | 泰州市 | 泰兴市 | 黄桥镇 | 祁巷村 |
| 13 | 江苏省 | 泰州市 | 泰兴市 | 宣堡镇 | 银杏村 |
| 14 | 河南省 | 新乡市 | 辉县市 | 张村乡 | 裴寨村 |
| 15 | 河南省 | 新乡市 | 辉县市 | 孟庄镇 | 南李庄村 |
| 16 | 河南省 | 周口市 | 沈丘县 | 冯营乡 | 李寨村 |
| 17 | 浙江省 | 湖州市 | 安吉县 | 递铺街道 | 鲁家村 |
| 18 | 浙江省 | 湖州市 | 安吉县 | 天荒坪镇 | 余村 |
| 19 | 福建省 | 南平市 | 建瓯市 | 小松镇 | 湖头村 |
| 20 | 福建省 | 南平市 | 武夷山市 | 星村镇 | 桐木村 |

## 2.1.2　建设模式分类

要建设好生态宜居的美丽乡村，面临着钱从哪里来、如何利用优势资源发展特色产业、管理人员如何聘任、原有村落如何改造、如何吸引青壮劳动力返乡等一系列问题。基于乡村生态宜居建设产业发展模式的差异，将课题组调研行政村的乡村生态宜居建设，根据其发展的侧重点大致分为 5 类，归纳为 5 种建设模式，即非农产业带动型、农产品加工业带动型、农旅融合带动型、一二三产业融合带动型和种植结构优化带动型。具体如表 2 - 2 所示。

表 2-2　乡村生态宜居建设模式分类

| 生态宜居乡村建设模式 | 行政村名称 | 产业发展概况 |
|---|---|---|
| 非农产业带动型 | ①河南裴寨村<br>②河南南李庄村 | 邻近大型非农企业,以企业为依托,连片带动,企村共建,集体以土地入股,发展特色农业,企业注重改善乡村自然生态环境、居住环境,合力共建生态宜居乡村 |
| 农产品加工业带动型 | ①吉林小营城子村<br>②福建桐木村<br>③河南李寨村 | 依托种植业,打造特色农产品品牌,形成一批农产品深加工企业,带动村集体增收,为生态宜居乡村建设提供资金保障 |
| 农旅融合带动型 | ①浙江鲁家村<br>②浙江余村<br>③吉林东明村<br>④吉林陈家村<br>⑤福建湖头村<br>⑥吉林陈家店村<br>⑦江苏祁巷村 | 依托村集体本身的特色山水林田湖资源禀赋,发展特色农业休闲、观光旅游及其相关餐饮、住宿等服务业,壮大集体经济,为生态宜居乡村建设提供资金保障。随着城市居民生活水平的提高,对农村休闲、观光、度假游的热情日益高涨,助推了乡村一三产业融合发展 |
| 一二三产业融合带动型 | ①吉林光东村<br>②吉林大荒地村<br>③吉林棋盘村<br>④江苏银杏村<br>⑤江苏康乐村 | 依托集体本身的特色山水林田湖资源禀赋,既发展特色农村休闲、观光旅游及其相关餐饮、住宿等服务业,又形成一批农产品深加工企业,带动村集体增收,为生态宜居乡村建设提供资金保障 |
| 种植结构优化带动型 | ①江苏陈家村<br>②江苏赵市村<br>③江苏乔杨社区 | 靠近城市近郊区,转变农业种植结构,发展蔬菜、瓜果种植业,促进农民增收,壮大集体经济,为生态宜居乡村建设提供资金保障 |

# 2.2　五类发展模式

## 2.2.1　非农产业带动型

这类行政村集体一般邻近大型企业周边区域,村集体与企业开展合作,村企共建,为村内村民的住房建设、生活类基础设施建设、生态绿化建设等提供初始资金以及后续运维资金。

非农产业带动型的建设资金主要来源于非农产业的发展，企业的所有者一般也是村集体成员，同时村集体成员一般也都属于企业员工。企业出资为整个村庄进行宏观规划，利用村集体土地建设员工宿舍、生活服务设施等。企业与村集体两者相互依存、合作共赢。

整体而言，非农产业带动型生态宜居建设模式，村集体成员收入水平较高。大部分收入来源于企业务工收入，务农收入占比较低，甚至为零。依托于大型企业，村庄外来人口集聚，逐步发展成为规模较大的居民集聚点，具有明显的"去农化"趋势。在调研的20个行政村中，非农产业带动型生态宜居建设模式主要有两个，为河南裴寨村和河南南李庄村。

### 2.2.1.1 河南省南李庄村生态宜居建设

河南省辉县市孟庄镇南李庄村地处辉县城郊，人均耕地面积0.3亩，以种植蔬菜为生，年人均收入不足1000元，属于典型的贫困县。2008年孟电集团党委书记、总经理范海涛开始担任南李庄村党支部书记，村企共建生态宜居乡村开始提上日程。孟电集团先后投资3.6亿元用于建设农民社区、农村服务中心、农贸市场、敬老院等，利用企业资源，为村庄的生态宜居建设投入了大量的人力、物力和财力。

2013年成立了南李庄村股份经济合作社，积极发展村集体经济，村民以土地入股，村集体经营管理。村集体收入由0元逐步增长到目前的1500万元，人均年收入增加到3万多元，分红资金从成立之初的每亩地3000元，增加到目前的每亩地1.2万元。2015年荣获全国文明村，2016年荣获河南省先进基层党组织，乡村宜居建设水平稳步提升。

### 2.2.1.2 河南省裴寨村生态宜居建设

河南省辉县市张村乡裴寨村位于太行山丘陵地带，2005年全村共有153户，595口人，耕地面积661亩，年人均收入不足1000元，是省级贫困村。2006年成立的春江集团，总资产达50亿元，主营业务为水泥生产，其创始人裴春亮为裴寨村人，后担任裴寨村党支部书记、村主任，正式开启村企共建生态宜居乡村。先后投资3000万元建设了160套双层别墅，并配套建设花园、广场、生活基础设施、文体娱乐设施，出资6000余万元建设农田水利，发展特色农业。在裴寨村有句响亮的口号"人人有活干、家家有钱赚、户户是股东"。

2017年荣获全国文明村，获得过中国乡村旅游模范村的荣誉称号，如今的裴寨村已经成为远近闻名的生态宜居乡村。

依据乡村生态宜居建设要素，将两个村的情况，以表格的形式进行对比。在村企共建后，村庄得以快速发展，宜居水平显著提高。如表 2－3 所示。

表 2－3　非农产业带动型生态宜居乡村建设

| 乡村生态宜居建设要素 | 南李庄村 | 裴寨村 |
|---|---|---|
| 依托的非农企业 | 河南省孟电集团 | 春江集团有限公司 |
| 村集体经济实力 | 孟电集团董事长兼任南李庄村党支部书记，村企共建后，村集体年收入 1500 万元 | 春江集团党委书记兼任裴寨村主任、党支部书记，村企共建后，村集体成员人均收入 1.3 万元 |
| 住房建设 | 孟电集团投资 3.6 亿元建设农村居民社区、服务中心、敬老院等 | 春江集团投资 1.2 亿元建设村民别墅小区，完善基础设施 |
| 生态环境改造 | 孟电集团投资建设小区绿化、公园 | 春江集团投资建设小区绿化、公园 |
| 生活类基础设施 | 孟电集团投资改造并管护污水处理设施、垃圾处理设施、公共厕所等 | 春江集团投资改造并管护污水处理设施、垃圾处理设施、公共厕所等 |
| 文体娱乐设施 | 孟电集团投资建设文化中心、体育场馆、老年活动中心、幼儿园、小学等 | 春江集团投资建设文化中心、体育场馆、老年活动中心、幼儿园、小学等 |

### 2.2.2　农产品加工业带动型

这类行政村一般侧重于发展第一产业和第二产业，通过农产品加工业带动村民增收致富，摆脱贫困落后面貌，从而打造宜居乡村。农产品加工业的发展，使农民从传统的种地中获得了更多的收入，同时也推进了整个乡村的建设。加工业进程的推进，有力地推进了村内绿化等相关配套设施的建设，既改善了村民的居住环境，又使农民通过闲暇务工获得工资性收入，改善了宜居条件。

整体而言，农产品加工业带动型生态宜居建设模式，既充分利用了当地村丰富的农产品原料资源，又通过加工业提升了农产品的附加值，打造了乡村农业品牌，解决了农民增收难题。

### 2.2.2.1　吉林省小营城子村生态宜居建设

吉林省四平市伊通满族自治县伊通镇小营城子村共有农户 621 户，人口 2300 人，其中建档立卡贫困户 13 户 27 人，少数民族占比 80% 以上，基本都是满族。耕地面积 11715 亩，人均土地面积 4.95 亩，村民人均收入 3000 ~ 4000 元，村民以种植业为主，主要种植玉米、水稻，曾是一个经济欠发达、环境治理较落后的乡村，通过多年的实践与探索，利用自己现有的资源探索出了一条环境整治之路。通过培育新型农业经营主体，对种植的水稻进行加工，增加了农产品附加值。

小营城子村通过最大化现有资源，初步实现了村容整洁，房前屋后干净无垃圾。但仍然存在卫生维持效果不明显、乡风文明建设薄弱等问题，需要进一步完善。

### 2.2.2.2　福建省桐木村生态宜居建设

桐木村位于福建武夷山国家自然保护区的核心部位，是一个海拔近千米的偏僻小山村。近年来，当地村民在发展经济，建立"一村一品"过程中，充分挖掘传统优势，在茶叶产业上进行了资源—产品、产品—商品两次升级，单位土地面积的茶山产值大幅度提高，大力发展正山小种红茶生产，使茶叶生产成为当地可持续发展的特色产业，走出了一条生态保护与农民脱贫致富同步发展的乡村振兴之路。

以茶农江元勋为代表的致富带头人，不仅传承了传统产业，还将创新的"金骏眉"制茶新工艺带到全国各地。他的茶企先后与多个茶区的茶农开展合作，带动贫困山区茶产业的发展和茶农的增收，桐木村共有 1906 人 430 户，几乎家家户户都从事茶叶产业。2017 年，村民人均收入达 20810 元。

桐木村的生态资源丰富，随着茶产业加工业的发展，村内环境治理实现了快速升级，生态宜居建设水平稳步提高。茶农的生活富裕，促进了原始村落的改造；村集体收入的增加，加快了村内基础设施的建设。

### 2.2.2.3　河南省李寨村生态宜居建设

沈丘县冯营乡李寨村，全村共有 3237 口人，耕地 3488 亩，位于河南、安徽两省交界，交通闭塞，经济条件差，曾是典型的国家级贫困村。2012 年自村支部书记李士强上任以来，大力发展农产品加工，让村民种植的农产品实现了品牌化，村里的加工厂还解决了村内剩余劳动力的就业问题，为农民增加了工资性收入。现如今的李寨村修建了节能路灯，家家户户都通了下水管道，使用上了绿色能源，村小学的教学质量更是跃居全县第一。表 2 - 4 从多方面展示了李寨村的发展变化。

表 2 - 4　李寨村的发展变化

| 李寨村 | 初始状态 | 企村共建后 |
|---|---|---|
| 人均收入 | 2012 年人均收入不足 2700 元 | 2017 年底全村人均年收入 11435 元 |
| 收入来源 | 全村耕地面积 3488 亩，以种地为生 | 建设特色产业基地 |
| 人口 | 全村 3237 口人 | 人口达 11800 人的新型农村社区 |
| 垃圾处理 | 无 | 企业出资建设 + 运维 |
| 污水处理 | 无 | 企业出资建设 + 运维 |
| 饮用水 | 地窖水 | 自来水 |
| 村内道路 | 泥土路 | 李士强出资并筹措资金建设、运维 |
| 人居 | 无 | 户户通天然气 |
| 村内路灯 | 无 | 节能路灯，损坏后聘请专业工人维修 |
| 教育 | 无 | 建幼儿园，修缮村小学 |
| 医疗 | 无 | 建设配套卫生所等 |
| 采暖 | 烧柴等 | 集中供热 |
| 社区服务站 | 无 | 社区服务中心 |
| 绿化 | 无 | 绿化美化村容村貌 |
| 养老 | 无保障 | 建设敬老院 |
| 村容村貌 | 贫困村 | 全国美丽乡村试点村<br>2017 年全国改善农村人居环境示范村 |

此外，李寨村积极开展乡村综合整治，建设农产品集配中心、物流班线、农村电商，建设种植、养殖和农产品深加工的产业扶贫基地。李寨村基地建设情况如表 2 - 5 所示。

表 2 - 5　李寨村基地建设

| 序号 | 基地建设 | 建设情况 |
|---|---|---|
| 1 | 苗木种植基地 | 投资 230 万元，打造 500 亩珍贵苗木种植基地，栽种乔木类、花灌木类 11 个品种 |
| 2 | 果园种植基地 | 投资 160 万元，种植石榴、雪花梨、葡萄、花椒等果树 |

| 序号 | 基地建设 | 建设情况 |
|---|---|---|
| 3 | 黄花菜种植基地 | 投资 70 万元，发展订单农业 |
| 4 | 黑土地杂粮种植基地 | 投资 80 万元，种植黑豆、红豆、绿豆等特色杂粮 |
| 5 | 三粉加工基地 | 投资 140 万元，安置贫困户就业 25 人 |
| 6 | 服装加工就业基地 | 投资 180 万元，安置就业超过 120 人 |
| 7 | 特色农业生产基地 | 投资 300 万元，打造绿水蔬菜大棚、莲藕和西瓜种植基地 |
| 8 | 红薯种植基地 | 投资 160 万元，实现无公害红薯种植，为村集体三粉加工厂提供原料 |
| 9 | 养殖基地 | 投资 3560 万元，建设 3000 头规模大型养牛场 |

### 2.2.3 农旅融合带动型

这类行政村在经济发达地区较为普遍。依托大城市的客流量，打造农旅融合乡村，使乡村成为城市居民休闲、观光、度假的"后花园"。既能提升乡村的整洁程度、环境优美度，吸引更多的游客，又能增加村集体经济收入，吸引工商资本助推乡村发展。

#### 2.2.3.1 浙江省鲁家村生态宜居建设

浙江省安吉县鲁家村属于较为典型的产业带动型乡村生态宜居建设模式。创建了浙江省首家休闲农业合作社，运用"公司+村+农场"的新模式，以家庭农场为主体，打造农场式民宿为业态。表 2-6 将鲁家村的初始状态与现在状态进行了对比。

**表 2-6 鲁家村的发展变化**

| 鲁家村 | 初始状态 | 现在状态 |
|---|---|---|
| 村集体经济收入 | 2011 年不足 6000 元，负债 150 万元 | 2017 年 333 万元 |
| 村集体资产 | 2011 年不足 30 万元 | 2017 年 2 亿元 |
| 人均收入 | 2011 年 19500 元 | 2016 年 32850 元；2017 年 35615 元 |
| 垃圾处理 | 垃圾遍地 | 设备齐备，专人维护 |
| 污水处理 | 无 | 建设化粪池和污水处理池，修建污水管道 |
| 饮用水 | 地窖水 | 自来水 |
| 村内道路 | 泥土路 | 柏油路 |
| 人居 | 无 | 户户通天然气 |

续表

| 鲁家村 | 初始状态 | 现在状态 |
|---|---|---|
| 村内路灯 | 无 | 节能路灯 |
| 教育 | 无 | 建幼儿园，修缮村小学 |
| 医疗 | 无 | 建设配套卫生所等 |
| 采暖 | 烧柴等 | 集中供热 |
| 社区服务站 | 无 | 社区服务中心 |
| 绿化 | 无 | 绿化美化村容村貌 |
| 养老 | 无保障 | 建设敬老院 |
| 村容村貌 | 落后、空心村 | 全国十佳小康村 |

　　鲁家村的鲜明变化不是偶然，主要通过整村式环境改造，打造美丽鲁家村，推动"公司＋村＋家庭农场"的经营模式，启动了全国首个家庭农场集聚区和示范区建设。

　　2.2.3.2　浙江省余村生态宜居建设

　　浙江省安吉县天荒坪镇余村，是习近平总书记"绿水青山就是金山银山"理念诞生地。2018 年 4 月 26 日全国改善农村人居环境工作会议在浙江省安吉县召开，会议代表参观的正是这个中国美丽乡村精品示范村。余村对"两山"之路的探索，对建设生态宜居的美丽乡村，发挥了重要的示范和引领作用。余村坚持绿色发展，走出了一条保护生态与发展生产同步推进，环境整治与生活富裕同步提高的农村生态宜居改善之路。2016 年村集体收入 380 万元，人均纯收入 35895 元，比该县平均水平高出 10418 元。2017 年余村垃圾收集率、污水处理率 100％，村集体经济收入 410 万元，村民人均收入 41378 元。2017 年接待海内外游客达 50 万人次，旅游总收入 3600 多万元。

　　2.2.3.3　吉林省东明村生态宜居建设

　　东明村是吉林省延边朝鲜族自治州的知名朝鲜族特色村寨，民俗文化极具特色，2016 年村集体经济收入为 61 万元，2017 年村集体经济收入 121.53 万元。2017 年实现农民人均纯收入 1.1 万元。近年来，该村的民俗旅游业迅速发展，给村里的基础设施、经济建设、社会发展和生态环境等方面的宜居情况发展带来了显著的帮助。东明村充分发挥民俗旅游资源的优势，对该村的生态宜居建设起到了积极的推动作用。但从实际调研中，我们发现东明村的民俗旅游业宣传不足，市场定位不够明确。一是东明村乃至东盛涌镇的旅游在延边州、东北区的知名度都较低。二是东明村的民俗旅游业发展缺少明确的市场定位，这使旅游产品缺乏针对性。

### 2.2.3.4 吉林省陈家店村生态宜居建设

吉林省农安县伏龙泉镇陈家店村共有 1200 户 4000 多人，距离长春市区约 10 公里，耕地面积 11895 亩，林地面积 628.95 亩，水域面积 165 亩。2011 年实施土地增减挂钩项目，建设了嘉和社区四期居民楼 24 栋，集体经济实力迅速壮大，村集体固定资产达 1 亿元，蔬菜及特色收入约 1900 万元，年接待游客达到 3 万人次以上，旅游年收入高达 300 万元。依托农旅融合发展起来的强大集体经济实力，陈家店村开启了生态宜居乡村建设，在居民小区内建设垃圾清运设施、污水处理设施、文体娱乐设施、采暖设施等，生活类基础设施快速完善，同时发展特色农业观光旅游，自然生态环境优美，生态宜居乡村建设水平不断提高。先后获得"全国文明村镇""中国最美休闲乡村""吉林省最有魅力休闲乡村""吉林省特色旅游名镇名村"等荣誉称号。

陈家店村以壮大集体经济为内因，顺应国家政策为外因，探索出了一条值得推广的村集体发展路径，把集体经济发展与生态宜居推进有机衔接起来。在严守基本工作原则的基础上，打出漂亮的"组合拳"，全面推进生态宜居工作落实。具体而言，陈家店村通过有效利用土地增加挂钩，以优化要素配置为抓手，大力发展与生态宜居紧密结合的新型集体经济，并着力建设服务大厅以保障治理有效。陈家店村在推进生态宜居中主要有三点经验：一是设立专门机构；二是提升发展理念；三是注重空间规划。然而，陈家店村仍遇到了发展"瓶颈"：一是产业体系与市场体系衔接不足；二是人才队伍建设亟须健全。

### 2.2.3.5 福建省湖头村生态宜居建设

湖头村是国家级"美丽乡村"创建试点村、南平市"四星级美丽乡村"，也是国家 3A 级旅游景区、福建省乡村旅游特色村。湖头村的美丽乡村建设有自然生态好、田园风光美、人文历史厚和产业发展强的特点。湖头村大力发展新型农业经营主体，依托土地集中流转、培育农业种植大户、成立果蔬专业合作社、引进龙头企业等形式，全力发展现代休闲观光农业。现已建成"百果园"130 亩、"农业公园"1000 余亩、标准化钢构大棚 150 亩、蓝莓无花果种植基地 50 亩、葡萄采摘园 150 亩、瓜果长廊 500 米、传统农业种植示范点 3 处，建立了以农业促旅游、以旅游养农业的互动机制。良好的产业发展，为村庄实现美丽乡村提供了经济基础。

### 2.2.3.6　吉林省陈家村生态宜居建设

吉林省伊通满族自治县大孤山镇陈家村现共有人口 1560 人，5 个自然屯，耕地 7800 亩，依托于国家 3A 级景区大孤山旅游风景区，发展特色观光旅游业。政府每年投资 5 亿元用于改造大孤山风景区自然生态环境，村集体经济不断壮大，开启了生态宜居乡村建设进程。近 5 年来，依托观光旅游业的发展，改造了村内垃圾处理设施，一改脏、乱、差的现象；改造了村内污水处理设施，兴建小型污水处理厂；改造了公共厕所和户厕，水冲式卫生厕所覆盖率达 100%；出资 23 万元建设村集体文化广场和文化中心，广场内建有健身器材，村内各项生活类基础设施快速完善，再加上自身的绿水青山，陈家村迅速成为远近闻名的生态宜居水平较高的村庄。

### 2.2.3.7　江苏省祁巷村生态宜居建设

江苏省泰州市泰兴市黄桥镇祁巷村，曾经是黄桥老区里最穷的行政村之一，经过十几年的发展，祁巷村明晰发展思路、确保发展领导队伍建设、提供全面推进保障，先是发展起高效规模农业，再在高效规模农业的基础上逐步发展乡村旅游业，形成祁巷村两大特色支柱产业。创造了农民增收致富就业机会，富民强村；营造绿色生态田园风光，居住舒适；塑造文明和谐乡风氛围，综合素质提高，从而逐步建立起生态宜居村落，获得了"中国美丽乡村""国家级生态村""全国一村一品示范村"多项荣誉称号。该村通过乡村旅游的发展，带动了一批农户脱贫致富。2014 年祁巷村旅游年接待游客已达到 60 万人次。

### 2.2.4　一二三产业融合带动型

这类行政村普遍发展动力强劲，能够更好地发挥产业优势，带动乡村生态环境改善的效果较为明显，改变了原始村落没有产业或者产业布局单一的现状，使农民收入有了较大幅度提升，切实印证了党的十九大报告中"产业兴旺"能够有力推动乡村发展。在实际的调研中课题组发现，一二三产业发展较好的乡村，乡村生态宜居的建设标准更高，村民宜居水平位居本省前列，证明了产业兴旺能够提高乡村生态环境的建设和保护力度，更能够提升农民的生活幸福感和宜居水平。

### 2.2.4.1　吉林省光东村生态宜居建设

自 2015 年总书记考察该村后，光东村用不到两年的时间完成了旱厕改造工程，村民的卫生和生活环境极大改善。此外，光东村发展休闲农业和民俗旅游产业实现了跨越式发展，经营项目已经纵贯第一、第二、第三产业，并且实现了深度融合。第一产业方面，通过成立合作社和公司，运用现代的科学管理方式，将原来松散的农民团结起来，发挥本地优越的自然条件，打造大米品牌，成功地提高了农民的收入。第二产业方面，光东村加大力度引进人才和设备，对农产品进行深加工，拉长产业链深度。第三产业方面，光东村利用得天独厚的地理位置和自然条件大力发展休闲农业与乡村旅游。现在光东村已经是长白山旅游线路中的一个重要景点。一二三产业融合的发展，增加了村集体的收入，更好地推进了村内环境等基层设施建设。

### 2.2.4.2 吉林省大荒地村生态宜居建设

传统农村在建设生态宜居过程中，一方面面临村庄发展缓慢，另一方面面临金融企业介入后会对村庄生态产生影响的问题。吉林市大荒地村以村企互建的方式，村庄整合当地水田后，利用规模优势吸引企业与村庄协同发展，在促进村庄经济社会发展的同时，规范企业农药、化肥的使用，促进乡村生态宜居的建设。大荒地村在发展过程中，秉承生态友好型的发展理念，发展绿色有机水稻，维护了原有健康绿色的生态环境。

吉林市东福米业有限责任公司在村企共建过程中，按照"产业兴旺、生态宜居、乡风文明、治理有效、生活富裕"的总要求，在农业农村现代化建设道路上，进一步提升了大荒地村的农业农村现代化建设水平，并逐步打造了吉林省首个现代田园综合体。大荒地村与吉林市东福米业有限责任公司的村企互建模式，促进了当地水稻产业的一二三产业融合。村企互建将村庄的发展与企业的发展融合在一起，使一二三产业融合更为顺畅，并形成了大荒地村以现代农业为主体的产业支撑。此外，吉林市昌邑区孤店子镇大荒地村在村企共建的模型下，村民安居乐业，村内各项产业稳步发展。通过村企共建，农民成为产业工人，改变了大荒地村村民的生活方式，提升了农民生活质量，大荒地村也从新农村建设过渡到了新型城镇化建设。

### 2.2.4.3 吉林省棋盘村生态宜居建设

吉林市棋盘村过去是一个一穷二白的小村庄，经过近十年的发展，发展壮大了集体经济，走上了富裕之路。充分发挥区域优势，结合城乡发展实际，从村集体资产基本为零，发展到组建了横跨三大产业的棋盘集团。棋盘村以发展现代农业为突破口，打造了一条从种植、养殖到农产品加工，再到销售相结合的生态循环链条。

一二三产业的高度融合在棋盘村形成了闭合循环经济，拥有强大的可持续发展能力，打造出了一条从种植、养殖到农产品加工，再到销售相结合的生态循环链条。高粱、玉米等作物酿成了美酒，大豆加工成了优质豆油，加工产物酒糟和豆饼成为养殖公司优质的饲料。养殖过程中产生的禽畜粪便，则被加工成天然肥料，用于生态园的日照温室大棚，种植出有机瓜果蔬菜。通过循环链出产的蔬菜、大米、大豆油、纯粮白酒、精品肉类、蛋类等生态产品，成为生态餐厅的主要食材。

#### 2.2.4.4　江苏省银杏村生态宜居建设

泰兴市是全国闻名的银杏之乡，银杏村抓住这张"名片"，大力发展银杏产业。同时，积极打造特色田园乡村，银杏村是泰州市第二批特色田园乡村建设试点村。银杏村特色田园乡村建设计划实施 28 个具体项目，总投资 3000 万元以上，并同步开展银杏村村庄环境综合整治，以切实改善村庄人居环境。银杏村通过产业融合，已经打造成为宜居、宜乐、宜业、宜游的生态宜居乡村。但银杏村的发展也存在一定问题，缺乏有力宣传，虽然银杏产品品种数量丰富，但市场认可度不高，市场开拓能力有待提高。

#### 2.2.4.5　江苏省康乐村生态宜居建设

泰州市高港区大泗镇康乐村地处大泗集镇中心地带，全村沿泗白路错落分布，泰州大桥北接线穿村而过，地理位置优越，气候宜人，风景秀丽，绿荫成林，物产丰富。全村 3 条河道、4 条河沟，3 个河塘都分别进行了清淤整治，河塘清洁率达 100%，硬质化道路全覆盖，全村共有 8 名清洁工人、6 辆垃圾清运车、大垃圾房 2 个，小垃圾箱 75 个，目前康乐村村庄环境长效管护达标率为 100%。

10 年前，康乐村大多数村民都以种菜为主，村里人均耕地少，收入低，村集体资产基本为零。面对落后的局面，康乐全村上下共同的期盼就是发展致富。10 年后，康乐村民全都住上了新楼房，累计 500 余名村民在村办企业上班，人均增收 2 万多元，村集体资产总值达到 2 亿元。目前，建设后的康乐村不仅生态环境优美，村级经济发展后劲十足，形成了一二三产业融合发展的良好格局。产业结构优化调整，布局合理，特种经济作物的种植、加工、销售，取得了良好的社会效益和经济效益。

### 2.2.5　种植结构优化带动型

这类行政村大多集中在经济发展较快的江浙地区。当地的耕地资源有限，所以多地出现了"无粮"村，整合有效的土地资源，优化传统的种植结构，大力发展特色果蔬种植。依托大棚、采摘园等果蔬种植，带动农民就业，拉动城市居民在闲暇时来体验农村生活。在吸引大城市居民的同时，逐步完善了村内的基础设施，美化了村内环境。随着村内交通运输、物流的发展，也加快了农村的道路建设，吸引了物流企业集聚，推动了特色农产品销往大中城市。

### 2.2.5.1 江苏省陈家村生态宜居建设

陈家村是江苏省泰州市重点发展的生态宜居地，在乡村振兴战略实施的社会大背景下，陈家村发挥自身良好的区位优势，在打造美丽乡村的同时，坚持打造特色产业，在生态宜居环境建设方面取得了一定的成效。该村以逸夏果园、泰供公司、峰茂生态园为代表，注重发展特色果园产业。种植结构优化，使陈家村的土地得以最大限度地开发利用，有利于村内打造宜居生态环境。此外，陈家村在水美环境美的基础上，对村庄内的河道两侧进行美化，为村民创建更美好宜居的乡村积极努力。

### 2.2.5.2 江苏省赵市村生态宜居建设

江苏省泰州市高港区胡庄镇赵市村，基于鲜明的特色农业发展基础，依托泰州鱼米之乡的自然条件，充分发挥区域优势，结合城乡发展实际，跳出传统农业种植模式，以有机蔬菜种植、乡村旅游业发展为支柱产业，强抓"上膳源生态农场"示范效益，走上了生态致富之路，丰富了村民精神文化生活。曾先后获胡庄镇农业经济一等奖、"三农"工作一等奖、社会管理单位奖、土地整治二等奖等荣誉，通过了康居示范村、绿化示范村验收。赵市村以有机蔬菜种植、乡村旅游发展为支柱产业，以"泰州上膳源农场"为核心经营主体，走绿色生态之路，让乡村变都市。

### 2.2.5.3 江苏省乔杨社区生态宜居建设

乔杨社区是江苏省泰州市重点发展的休闲农业生态宜居地，由原乔杨、联和、栾王3个自然村于2001年合并后成立乔杨村，并于2010年撤销行政村成立社区。近年来，得益于良好的政策背景，乔杨社区的生态休闲农业得到了快速发展，给辖区内的农业经济、人居氛围、生态环境带来了重大改善。在生态农业建设中的创新思路在集体经济、基础设施、领导干部队伍建设方面取得了显著成效。

近年来，乔杨社区将附加值较高、带动作用较强的休闲农业产业作为经济发展的主攻方向，积极开发利用区域内的特色优势自然资源，打造集生产、加工、品牌、营销、技术为一体的"绿色工程"，并根据原有的农业生产区域布局情况，进行适当的产业布局优化调整，将水稻、小麦、设施农业作为重点发展的特色经济，以此为核心打造乔杨社区的生态建设，为其提供一定的经济支持。乔杨社区发展的生态农业，将农业生产、产业格局、经济运行、生态环境、农村社会发展等纳入统一发展的良性循环体系，形成了良好的绿色农业生产经营格局。

# 2.3　面临的困难与存在的问题

通过实地调研发现，各地根据本村实际情况，因地制宜开展了乡村生态宜居建设，建设成效显著，取得了阶段性的成果，但仍存在现实困难以及亟待解决的问题。

困难主要包括：第一，村集体经济相对薄弱，尽管有的村集体经济发展迅猛，但这类行政村的数量有限，从全国来看，制约行政村发展的难题仍是资金短缺。第二，青壮年劳动力相对较少。目前大多数的行政村空心化、老龄化日益严重，青壮年劳动力更多地会选择城市，而留在农村的老人居多，这在一定程度上制约了村庄的发展。第三，建设用地指标和农业设施用地指标较少，尤其是在江浙一带等发达地区，人地矛盾尤为突出。设施用地和建设用地指标的紧缺严重制约了发展，当地希望通过发展相关产业，壮大经济实力，增收致富，但苦于没有用地指标。第四，农村金融的信贷体系建设远滞后于城市，农民贷款难的问题依然突出。

问题主要包括：第一，个别行政村盲目跟风建设宜居乡村，对自身村发展定位不明确，制约了村庄发展，没有充分挖掘当地村的发展潜力。第二，乡村缺少能带领普通村民共同发展的"领头羊"。综观调研的行政村以及全国各地区生态宜居建设开展较好的行政村，村内都有能人带领村民发展，这样既有利于村民致富，更有利于更好地发挥能人带动作用，推动乡村生态环境的改善与维护，助推乡村发展。第三，村民缺乏生态环保意识。例如，在课题组调研的吉林、河南粮食种植区，焚烧秸秆现象仍十分严重，尽管各级政府三令五申地强调焚烧秸秆的危害，但仍有村民故意为之。第四，地方财政运维管理资金不足，运维管理机制不健全。财政支持上重建设轻管护，只拨付建设费用，不拨付运维管理资金，由区政府承担运维资金，部分区县运维管理经费不到位。自 2017 年新一轮美丽乡村建设实施以来，财政加大对基础设施运维管理资金的投入力度，但资金按一般性转移支付由乡镇统筹安排，实际用到行政村运维管理的资金却被打折扣。

# 第3章　乡村生态宜居建设调研案例的实践总结

## 3.1　乡村生态保护与修复

### 3.1.1　社会资本合作（PPP）参与保护模式

在课题组调研的行政村中，直接引入社会资本参与农村公共基础设施领域的村庄数量不多，但近几年 PPP 模式在公共服务领域运用广泛，前景广阔，而且借鉴发达国家的实际经验社会资本参与农村公共治理是行之有效的办法，能够解决农村资金不足，弥补农村建设的"短板"。尤其是近几年来国家政策也积极引导和鼓励 PPP 模式，例如 2017 年 6 月 6 日财政部和农业部两部门出台的《关于深入推进农业领域政府和社会资本合作的实施意见》（财金〔2017〕50 号），明确将农业绿色发展、现代农业产业园、田园综合体等作为农业领域推广 PPP 的六大重点领域，引导社会资本投向农业资源节约利用、污染防治和生态保护修复等，改善农业公共服务供给，切实推动农业供给侧结构性改革。培育新型市场主体，采取政府统一购买服务、企业委托承包等多种形式，推动建立农业农村污染第三方治理机制。

### 3.1.2　资源禀赋的利用与改造

在农村生态保护与修复工作中，课题组发现充分利用农村现有的资源，对其加以改造和利用，是行之有效的办法，既能保护好已有的生态环境，又能为农民创造财富。

### 3.1.2.1　加强农业面源污染治理

我国是世界上化肥、农药使用量最大的国家，年施用量分别达 4700 万吨和 130 万吨，而利用率仅为 35% 左右，流失的化肥和农药造成土壤、地表水和地下水污染，受污染的耕地约有 1.5 亿亩。每年畜禽粪便年产生量达 27 亿吨，大部分规模化畜禽养殖场没有污染治理设施，每年地膜残留量高达 45 万吨，造成了土壤污染。加强农业面源污染防治，开展农业绿色发展行动，实现投入品减量，提倡清洁生产，充分利用废弃物中可有效转化的资源，推动农村产业模式的生态化。

### 3.1.2.2　加快美丽乡村建设

加快建设美丽休闲乡村，打造休闲农业和乡村旅游知名品牌，对于传承农耕文明、保护传统民居，培育消费新增长点，增强乡村经济发展新动能，推动农业供给侧结构性改革，带动农民就业增收、促进新型城镇化和城乡一体化发展具有重要作用。自 2013 年起，我国围绕开发农村生态环境建设、休闲旅游、文化传承等功能，开展了美丽乡村建设工作，建成了一批宜居、宜业、宜游的美丽乡村。农业农村部按照"政府指导、农民主体、多方参与、共建共享"的思路，组织开展了中国美丽休闲乡村推介活动，截至 2017 年底，共向社会推荐了 560 个美丽休闲乡村。

这些乡村的普遍优势包括：一是生态环境优美；二是产业功能呈现出多元化的特点；三是村容景致独特，有可游览或观赏的景区或景点；四是农民的精神风貌好，农村的文明程度较高。课题组调研的 20 个村都充分展示了农村环境改善的成效。推进开展休闲农业和乡村旅游品牌培育，建设一批又一批美丽休闲乡村，对于改善农村人居环境大有裨益，同时又能够带动农民就业，增加收入。

特别是课题组在浙江安吉调研时，安吉县修订了建设"中国美丽乡村"精品示范村的考核验收办法。该办法遵循国家《美丽乡村建设指南》基本要求，但细化了建设内容，提高了考核标准，为中国"乡村振兴"提供了可参考借鉴的村级指标评价体系。考核指标分为产业兴旺、生态宜居、乡风文明、治理有效、生活幸福五大类别，合计 1000 分。此外，还增加了两项附加分值共计 15 分。表 3 - 1 仅以生态宜居这一类别为例，指标值在实际操作中均有更加细化的考核标准。

表3-1 安吉县建设"中国美丽乡村"精品示范村考核指标与计分办法
——以生态宜居类别为例

| 类别 | 指标编号 | 指标内容 | 单位 | 指标值 | 指标权重 | 责任及数据来源部门 | 备注 |
|---|---|---|---|---|---|---|---|
| 生态宜居240分 | 11 | 规划编制及执行 | — | 指严格执行土地利用总体规划,完成全村域新一轮村庄建设规划修编、全村域村庄环境提升专项设计和现代产业发展规划编制并认真执行相关规划和设计,制订分年度明晰的创建工作计划等的完成和执行情况。总分40分 | 40 | 国土局、住建(规划)局、农业局、旅委、农办 | |
| | 12 | 村庄建设品位 | — | 指以美丽宜居示范村建设为标准开展农房改造建设,村容村貌格调统一协调,村庄建设大气、精致、高雅、有乡土风情、个性明显、视觉震撼,村庄建设与村级集体经济发展壮大和农民增收紧密结合,村庄建设品位得到全面提升的情况。总分40分 | 40 | 住建(规划)局、综合执法局、交通局 | 首位与末位拉开差距10%以上 |
| | 13 | 村域环境污染治理 | % | 指创建村辖区内农村生活污水处理设施的长效管理和工业企业污染治理和农家乐污染治理情况。总分30分 | 30 | 环保局、旅委 | |
| | 14 | 农业资源保护和面源污染治理 | % | 指积极开展农业资源保护和农村畜禽、水产养殖污染治理和秸秆综合利用,开展化肥、农药减量控害增效工作情况。总分10分 | 10 | 农业局 | |
| | 15 | 卫生厕所普及 | % | 指全面彻底清除农村露天粪缸(池)和简易厕所;家庭卫生厕所符合《农村户厕卫生标准》(GB19379—2003)要求,覆盖率达100%;粪便无害化处理符合《粪便无害化卫生标准》(GB7959—1987)要求,处理率达100%。总分15分 | 15 | 卫计局 | |

续表

| 类别 | 指标编号 | 指标内容 | 单位 | 指标值 | 指标权重 | 责任及数据来源部门 | 备注 |
|---|---|---|---|---|---|---|---|
| 生态宜居 240 分 | 16 | "四边三化"执行 | — | 指全面加强对"公路边、河边、山边、城边"四边区域有效的"洁化、绿化、美化"行动，开展村庄绿化、美化、亮化；强化水土保持、生态修复、禁止毁林开垦和森林环境保护；对河道、沟渠、水塘、山塘等进行综合整治；彻底整治生活垃圾从车窗、住房、店铺、摊点向外乱抛和"乱占、乱搭、乱挖、乱垦、乱烧、乱扔"六乱现象；村庄道路按标准建设到位，方便出行和运输，安全警示措施落实等的执行情况。总分 30 分 | 30 | 生态文明办、综合执法局、交通局、水利局、林业局、矿资办、农办等 | |
| | 17 | 殡葬改革 | — | 指公墓建设、公墓管理、坟墓整治、入葬率和移风易俗的总体完成情况。总分 10 分 | 10 | 民政局 | |
| | 18 | 长效管理机制及效果 | — | 指创建村在健全长效管理网络、保障长效管理经费、保持环境卫生整洁优美等方面的长效管理机制建设和执行情况。长效管理机制及效果考核评定健全有效的得 45 分，否则酌情扣分 | 45 | 农办、综合执法局等 | |
| | 19 | 农村安全饮用水 | — | 指农村饮用水安全得到保障，水压稳定，水量满足要求，水质达标。保障农村居民能够及时、方便地获得足量、洁净、负担得起的生活饮用水。总分 20 分 | 20 | 水利局、卫计局 | |

资料来源：根据安新农〔2018〕3 号文件整理而得。

### 3.1.2.3　依托产业模式

根据课题组调研的 20 个行政村，其发展模式大致分为五类，但由于调研时间等因素的限制，课题组选取的仅为部分省市的部分行政村。综观全国不同行政村的发展，其发展模式呈多样化趋势，乡村生态宜居建设，需要依托产业的推动，产业的培育和发展是长期坚持和努力的结果，是助推乡村振兴的根本动力。

第一类是产业发展型模式，这类行政村主要在东部沿海等经济相对发达地区，其特点是产业优势和特色明显，农民专业合作社、龙头企业发展基础好，产业化水平高，初步形成了"一村一品""一乡一业"，实现了农业生产聚集、农业规模经营，农业产业链条不断延伸，产业带动效果明显。

第二类是生态保护型模式，这类行政村主要是在生态优美、环境污染少的地区，其特点是自然条件优越，水资源和森林资源丰富，具有传统的田园风光和乡村特色，生态环境优势明显，把生态环境优势变为经济优势的潜力大，适宜发展生态旅游。

第三类是城郊集约型模式，这类行政村主要是在大中城市郊区，其特点行政村经济条件较好，公共设施和基础设施较为完善，交通便捷，农业集约化、规模化经营水平高，土地产出率高，农民收入水平相对较高，是大中城市重要的"菜篮子"基地。

第四类是社会综治型模式，这类行政村主要在人数较多，规模较大，居住较集中的村镇，其特点是区位条件好，经济基础强，带动作用大，基础设施相对完善。

第五类是文化传承型模式，这类行政村主要是在具有特殊人文景观，包括古村落、古建筑、古民居以及传统文化的地区，其特点是乡村文化资源丰富，具有优秀民俗文化以及非物质文化，文化展示和传承的潜力大。

第六类是渔业开发型模式，这类行政村主要在沿海和水网地区的传统渔区，其特点是产业以渔业为主，通过发展渔业促进就业，增加渔民收入，繁荣农村经济，渔业在农业产业中占主导地位。

第七类是草原牧场型模式，这类行政村主要在我国牧区半牧区县（旗、市），其特点是草原畜牧业是牧区经济发展的基础产业，是牧民收入的主要来源。

第八类是环境整治型模式，这类行政村主要在农村脏乱差问题突出的地区，其特点是农村环境基础设施建设滞后，环境污染问题，当地农民群众对环境整治的呼声高、反应强烈。

第九类是休闲旅游型模式，这类行政村主要是在适宜发展乡村旅游的地区，其特点是旅游资源丰富，住宿、餐饮、休闲娱乐设施完善齐备，交通便捷，距离城市较近，适合休闲度假，发展乡村旅游潜力大。

第十类是高效农业型模式，这类行政村主要在我国的农业主产区，其特点是以发展农业作物生产为主，农田水利等农业基础设施相对完善，农产品商品化率和农业机械化水平高，人均耕地资源丰富，农作物秸秆产量大。

# 3.2　农村生活垃圾治理

### 3.2.1　村收集—乡/镇运输—区/县处理模式

对于农村生活垃圾的处理，各地区采取的方式不尽相同，大致可分为三类，一是垃圾分类、回收、处理立法，依法规范垃圾处理设施运维；二是由政府统筹运维，"户分类＋村收集＋乡镇运输＋区县处理"；三是由政府统筹提供有偿服务，处理费"随袋征收"。

村收集—乡/镇运输—区/县处理的模式在全国较为普遍，例如上海、天津、浙江都是由政府统筹垃圾处理设施的运维，政府负担运维过程中的各项材料、人员经费，各级政府逐级拨发配套专款，由村民自我分类，村庄保洁员负责生活垃圾的收集与整理工作，再由乡镇政府部门负责运输到县或区指定的垃圾无害化处理点负责垃圾处理。

### 3.2.2　村集体统筹建维模式

由村集体负责垃圾治理的建设、运营和维护，虽然这一做法能够有效解决村民生活中的诸多难题，但对村集体的经济实力要求比较高，短时间内还无法在偏远或欠发达地区开展。在课题组调研的行政村中，那些村集体经济实力雄厚，尤其是村企共建的村普遍会选择这种方式。

### 3.2.3　政府委托第三方建维模式

这一模式在课题组实地调研的行政村中并不多见，在吉林省时发现该模式有较成功的典型案例，可在一定范围内进行推广试点。

吉林省桦甸市采取政府采购、特许经营的建设模式，选择国内垃圾处理领域有资金实力和技术优势的深圳龙澄环保科技有限公司开展项目合作，桦甸市政府授予龙澄公司特许经营权，特许经营期15年，龙澄公司在特许经营期内独家投资、建设、运营和维护该项目。

具体做法如下。一是在垃圾收集环节。各村屯配备小型垃圾收集车，村民定时将垃圾存放到收集车内，环保桶管理员每天将收集车内垃圾倾倒入桶，实现日产日清。政府将垃圾收集前端的村屯日常保洁一并交给企业管理，纳入购买服务范围，推行市场化保洁，有效降低了运营费用，提高了管理效率。二是在垃圾转运环节。运营企业根据垃圾入桶情况，及时将垃圾转运到桦甸市垃圾处理厂。政府通过购买服务，实现垃圾治理工作长效化、常态化。三是在垃圾处理环节。桦甸市垃圾处理厂每天对进厂垃圾检车计重，分类处理，变废为宝实现垃圾利用资源化、无害化。为垃圾转运车辆安装了 GPS 定位系统，垃圾进厂称重数据、视频数据实时传输到信息中心，对垃圾收集、转运、处理环节的全过程实行"数字化、视频化、定位化"监管，实现信息化管理。四是实行定量化考核。桦甸市政府与垃圾收集清运责任乡镇签订《生活垃圾收集清运责任书》，根据大数据确定垃圾收集清运任务量。依据数字化监管系统对各乡镇垃圾清运量进行一日一统计、一月一通报、一季一考核，通过工作目标倒逼服务效果，解决垃圾收集清运工作的监管问题。

# 3.3　农村生活污水处理

农村生活污水处理的方式，可以概括为：一是依法界定污水处理范围、方式、群体、权责；二是由政府购买第三方"设计 + 建设 + 运维"的服务模式；三是"农户建设 + 运维"污水设施，由财政部门进行补贴，政府部门提供技术指导；四是市政污水处理服务延伸至近郊区，村民支付污水处理费。

### 3.3.1　污染者付费模式

该模式大多应用于邻近城市、经济发展水平较高、村民较富裕的农村地区，这些地区基本处于半城市化的状态，污水处理设施大部分已经纳入城市市政管理中，村民缴纳的水费中包含了污水处理费，污水处理成为有偿化的基础设施。

### 3.3.2　政府委托第三方建维模式

该模式主要由第三方公司进行污水处理，包括设备制造公司、建筑安装公司、运行维护公司和污泥清扫公司。对第三方的监管包括主管部门的水质检测和设施的定期检查，第三方公司需要取得资质，人员必须具备专业证书。例如，上海、天津、浙江部分地区都采取了政府出资购买服务的模式，全权委托第三方公司负责污水处理设施的建设、运行维护等各项工作。

### 3.3.3　人口稀疏区自然降解模式

对于相对偏远，人口稀少的行政村会采取该模式，调研的行政村未见该模式。但随着经济水平的发展以及村庄的建设，仍需探寻适合本村实际情况的处理方式。

## 3.4　农村生活类基础设施长效建维管理机制的探索

### 3.4.1　三产融合与基础设施建维

随着农村产业的逐步兴起，一二三产业融合更加紧密，农民生活水平的提高，可以逐步探索半收费类基础设施的物业化管理有偿运维模式，污水处理、生活垃圾处理均可以归为半收费类基础设施，政府本身或委托第三方提供服务，收取费用，农村居民付费享受污水处理、垃圾处理服务，垃圾处理、污水处理这种半收费类基础设施与服务的供给，采取污染者付费的有偿化模式，基础设施运维管理的分摊机制简单且易于操作，但要求农村居民具有一定的支付能力。

### 3.4.2　社会资本与基础设施运维

鼓励社会资本参与到农村的基础设施运营维护中来，创新农村地区基础设施运维管理体制机制，鼓励经济发展水平较好的村庄创新与其相适应的基础设施运维管理体制机制。

以污水处理引入社会资本为例，政府可以购买第三方企业的污水处理服务，企业负责设施设计、修建与运维，并对第三方企业资质审核，在政府招标过程中充分引入竞争机制。或是完全由第三方企业负责设计、修建和运维，采取政府购买第三方服务的形式，将建设与运维捆绑，委托具有资质的第三公司全权负责。

对于社会资本参与基础设施运维工作的，需要强化资质审核，适当引入竞争机制，完善村民对服务的评价机制。

### 3.4.3　污染者付费与基础设施运维

污染者付费与村庄集体经济发展和村民收入情况密切相关，对于村庄集体经济收入基本为零，几乎没有任何财力负担村内基础设施建设、运维管理的各项费用，可以由政府出资、雇人负责村内基础设施的运维。以政府统筹运维为主，政府承担从建设到运行维护的各项费用，低技术含量的具体运维操作层面的工作由雇用的村集体成员负责，高技术含量的具体运维操作层面的工作由政府外包或雇用专业工人负责。

# 第4章 乡村生态宜居建设存在的问题与建议

## 4.1 乡村生态宜居建设存在的问题

### 4.1.1 行政村基础设施建维差距较大

在课题组为期5个月的实地调研中，发现行政村之间基础设施建设标准、后期维护水平等方面差距较大。村与村之间的基础设施建设差距主要是村集体经济实力的差距。村集体经济发展较好的，村民的富裕程度普遍高于发展较为落后的村集体，福利待遇、养老医疗等各方面配套设施也较为完备。推进乡村生态宜居建设，需要发展和壮大村集体经济，这样才能保障村内基础设施建设资金充足，后期运维修护及时，才能更好地建设宜居乡村。

### 4.1.2 污染者付费模式难以推进

农村公共基础设施的建设和运行管理一度被认为是政府或村集体的事情，农民参与度较低。基础设施建设的后期资金投入不足，运维管理困难。由于农民收入有限，付费模式难以推进。

主要表现为：一是农村地区普遍专业运行维护缺失，管网建好后"只建不管、重建轻管"现象大量存在。二是仅以农村生活污水治理为例，部分农民认为这是"大治水"的一部分，对大环境有利，对一家一户影响不大，在治理工程建设和运行维护管理中存在"你干我看"的情况。三是农户主动参与检查、维修和自觉管理房前屋后环境卫生的意识不强，将日常产生的剩菜剩饭，特别是红白事酒席中产生的餐厨垃圾直接倒入隔油池或窨井中的现象屡有发生，严重影响污水管网的正常运行。

### 4.1.3　基础设施缺乏长效运维管理机制

随着美丽乡村建设进程的加快，农村基础设施长效管理问题越来越突出。不少农村基础设施建成后得不到有效管护，损毁严重，基础设施只是形象、面子工程，设施老化，年久失修，缺少完善的管护机制。同时，管护成本的增加，与薄弱的村集体经济之间的矛盾也日益突出。在课题组调研的行政村中，有完善的基础设施运维管理制度的村，基础设施的维修都很及时。但这样的村在全国来看，仍是少数。

### 4.1.4　政府购买第三方服务缺乏针对承包方考核机制

政府购买第三方服务，对于推进农村基础设施运维管理大有裨益。但一些乡镇为了政绩等因素，忽视了农民的长远利益。在购买了第三方服务后，便疏于管理，缺乏针对承包方的考核机制，未能有效地调动承包方的积极性，缺乏奖惩考核机制，承包方的服务缺乏有效的监管。中央层面在顶层设计时明确出台了指导意见，但是地方政府尤其是乡镇政府在落实时大打折扣。

### 4.1.5　生态保护与修复的 PPP 模式难以调动社会资本参与的积极性

尽管我国下大力气扶持农业，加快农业现代化建设步伐，但农业的弱质性仍十分明显，投资农业的周期长、风险高、回报率低仍是不争的事实。村庄的生态保护与修复工作任重道远，社会资本进入农业需要强有力的政策推动，需要财政补贴达到其预期目标，否则很难吸引社会资本的目光，即便是进行了前期投入，由于回报周期和收益并不可观，也不愿意再追加投入。此外，地方财政普遍压力较大，很难追加补贴资金，因此无法更有效地调动社会资本参与建设的积极性，PPP 模式在助力乡村生态宜居建设的过程中并不理想，也未发挥预期效果。

### 4.1.6　部分人口稀疏区域基础设施运用效率低下

我国农村空心村现象较为普遍，部分村庄人口稀疏，搬迁或外出的人口较多，部分山区村庄居住分散，人口较少，在人口居住较为稀疏的山区地带，标准化基础设施建设的成本高、运维效率低。

# 4.2　乡村生态宜居建设的建议

### 4.2.1　厘清生态与宜居的关系

生态主要指的是生物的生存状态及其与环境之间紧密连接的关系。早在2005年我国便开始对289个城市进行调查研究并进行综合评价，对宜居城市进行评比，借鉴宜居城市中的评价指标体系，宜居主要包括生态环境，社会安全指数、文明指数，生活舒适指数、便利程度，经济发展水平等方面。在对乡村生态宜居的调研中，课题组发现往往是环境优美、村庄整洁、民风淳朴的村庄，农民普遍生活的幸福感、获得感、满足感更高，对村"两委"工作的满意度和认可度更高，主动参与乡村建设的积极性更高，自觉维护乡村环境的意识更强。

因此生态与宜居两者之间，改善生态环境是前提，生态环境优美才能让村民更好地生活，而宜居又是生态的保障，村民安居乐业，随着生活水平的提高，文明程度的进步，保护生态的意识逐步加强，能够更好地促进生态的长效管护，两者之间相互依存，密不可分。

### 4.2.2　探索乡村基础设施长效运维管理机制

建设生态宜居的美丽乡村，不仅要改善乡村落后的村容村貌，更要注重农村生产生活的污水治理、垃圾处理、河道治理等工作的开展情况。由于农村生活污水处理设施往往就分布在村民的房前屋后、田间地头，要确保其一次建设、长久使用、持续发挥效用，不仅要靠政府推动监管，更离不开全民参与维护和监督。一些地方农村基础设施后期管护中，仍存在监管不到位的情况。因此，要根据地区实际情况，尽快建立一套相对完善的基础设施长效运维管理机制，从源头上制定好政策，约定好职责，以问题为导向，保质提速农村基础设施长效运维。

### 4.2.3  有序引导三产融合，促进打造生态宜居环境

农村发展，产业兴旺是关键，产业振兴将是今后农村发展的持续动力。2018年农业农村部印发的《关于大力实施乡村就业创业促进行动的通知》（农加发〔2018〕4号）中明确强调，重点支持各地因地制宜发展主食加工、农产品及农产品加工副产物综合利用、休闲农业和乡村旅游等农村产业融合发展重点关键环节，促进农村产业优化升级。

一是要坚持"三产"融合发展，科学布局产业，不能盲目引进不适宜本地区发展的产业，更不能走先发展后治理的错误道路，要以保护农村生态环境为基本前提，大力推进农村产业发展。

二是要着眼于发展高端、高质、高效的农业产业，集约利用土地，提高土地规模化程度。

三是要大力发展家庭农场、农民合作社等新型农业经营主体，推进农业规模化经营，逐步实现专业化生产并不断加强社会化服务的能力和水平。

四是要以农业产业服务体系建设为发力点，大力支持农业技术推广体系、动植物疫病防治体系等社会化服务体系建设，推动农业产业发展。

五是要把注重生态和环保放在发展的首要位置，坚持生态优先理念，把生态涵养和环境保护作为农村发展旅游等相关产业的重点。

六是要精心组织实施农业科技推广项目，加大对高等院校、科研院所与龙头企业签约合作项目的支持力度，将新技术、新成果引进农村，推广优良品种和先进适用的农业技术。使农村的产业发展与城市的产业一样共享最新进、最前沿的科技。

建议各行政村结合当地发展实际，布局产业发展，通过延伸农业产业链，提升价值链，以产业发展助推乡村振兴，从而更好地建设生态宜居的美丽乡村。

### 4.2.4  吸引村民返乡创业，汇聚专业人才贡献力量

乡村振兴需要打造一支懂农业、爱农村、爱农民的农业农村人才队伍。吸引更多有知识的"农二代"回归，让更多农民实现农业产业结构不断优化调整，产业融合不断加深，农业产业链、价值链不断延伸，获得更多的收益。

我国人力资源和社会保障部对2000个行政村进行的监测数据显示，2017年第四季度返乡农民工中，选择创业的占10.9%，创业范围覆盖第一、第二、第三

产业。目前，我国返乡创业人员已超过 700 万人，平均每名返乡创业者能带动 4 人左右的新就业。

近年来，国家在政策层面十分支持并鼓励返乡创业，但课题组在调研中发现，年轻人返回家乡后，仍面临诸多实际困难。例如村级教育环境、教学质量，村级医疗条件仍落后于市区，若想更好地吸引人才返乡，需要在政策落实中充分考虑返乡创业人员的实际需求，解决其后顾之忧，使好政策真正落地，农民真正受益，从而更好地激发农民积极投身于乡村生态宜居建设。

### 4.2.5 完善"绿水青山"转化为"金山银山"的实现路径

2005 年 8 月 15 日，习近平总书记在湖州市安吉县天荒坪镇余村考察时，首次提出了"绿水青山就是金山银山"这一理念，但是绿水青山并不直接等于金山银山。绿水青山与金山银山之间需要一定的转化方式，这种方式的选择关乎乡村的发展。所以各地需要根据本地区的资源环境特色、乡村的区位特点、当地的产业环境和基础以及目标人群的消费市场变化等多方面因素，进行合理有效的挖掘。

按照对绿水青山的利用方式，进行合理有效的转化。农村环境整治不管是发达地区还是欠发达地区都要按照既定目标逐步推进，但根据实际情况，应分区域、分阶段制定不同标准，因地制宜、精准施策，不搞"政绩工程""形象工程"。

坚持农业农村优先发展，牢固树立"绿水青山就是金山银山"的理念，增强欠发达地区尤其是偏远落后山区"绿水青山"的保护机制，优先发展"绿水青山"的内生性产业，包括但不限于林下经济、休闲采摘观光旅游、生态养生度假等特色或乡村旅游产业的发展。

在保护绿水青山的基础上，一方面应着重开发依托当地生态环境衍生或延伸的相关产业发展，拓宽发展思路，加大探索力度，从而不断创新"绿水青山"转换为"金山银山"的体制机制，不断创新"绿水青山"转换为"金山银山"的经营理念。另一方面应转换"绿水青山"营销理念，打造"绿水青山"产地市场，变产地为销地，提高"绿水青山"原产地附加值。实现乡村的生态宜居，关键要加大对农村资源环境的保护力度，构建节约资源和保护环境的空间格局、产业结构、生产方式以及生活方式，建设人与自然和谐共生、富有生机活力的生态宜居乡村。

乡村生态宜居建设，从规划设计到建设施工，绝不能照搬城市标准。要充分体现乡村风貌和特色，要形成以产业支撑美丽乡村的发展理念，要注重可持续发展并充分考虑农村实际，因地制宜地打造生态宜居村庄。

乡村的生态宜居建设任重道远，应按照阶段性目标分步实施，在 2020 年之前力争实现生态环境、居住环境、人文环境的宜居，实现村村整洁，完成旱厕改造、生活垃圾处理、污水处理等方面的具体任务；长期来看，乡村长久的生态宜居，需要有产业的支撑，以乡村产业的发展为乡村振兴注入持续动力。

# 附录　14 个行政村生态宜居调研报告

## 附录1　吉林省延边朝鲜族自治州东明村
## 生态宜居调研报告

**摘　要：** 东明村是吉林省延边朝鲜族自治州的知名朝鲜族特色村寨，民俗文化极具特色，近年来该村的民俗旅游业迅速发展，给村里的基础设施、经济建设、社会发展和生态环境等方面的宜居情况发展带来了显著的帮助，民俗旅游产业的发展为东明村生态宜居村落建设提供了产业基础和经济支撑。本文基于在东明村的实地调研，分析了东明村的生态宜居发展现状，并通过了解东明村民俗旅游资源的优势及发展现状，总结了民俗旅游对东明村生态宜居建设的带动作用。在总结东明村发展经验的基础上，也发现了该村在生态宜居建设方面存在的不足，并从基础设施、经济建设、社会发展和生态环境四个方面给出了东明村生态宜居建设进一步发展的目标。

**关键词：** 生态宜居；民俗旅游；特色村寨

### 一、基本情况

龙井市东盛涌镇东明村位于龙井市东北部，东盛涌镇东部，海兰江南岸，瑞田盆地东端。地理坐标为北纬 42°45′～42°50′东经 129°32′～129°36′。东与石井村相连，南与德新乡相连，西与延东村相连，北隔海兰江与龙山村相望。距延吉市 12 公里，距龙井市 11.5 公里，距镇政府所在地 4 公里，处于延龙图一体化进程中的主要位置。

东明村主要地貌特征为低山、丘陵、台地、沟口河谷平原组合的复杂地形，北部为平地，南部为丘陵。海拔高度 200～250 米。海兰江从东明村北部自西向东流过。海兰江是布尔哈通河的最大支流，发源于和龙市枕头峰东麓，由龙井市西南部流入市境，经龙井、东盛涌等市镇，与布尔哈通河汇合流入图们江。河流全长 132 公里，流域面积为 2936 平方公里，年径流量为 15.5 亿立方米，该江年输沙量为 55.2 万吨，含沙量为 0.99 公斤/立方米。东明村的气候类型属中寒温带大陆性湿润性季风气候，全年多西风，夏季偏南风，秋冬季多西北风。多年平均气温 5.3 度，多年平均降水量 550～600 毫米，主要集中于 7～9 月。东明村主要耕作土壤为暗棕壤、灰棕壤和冲积土。

东明村土地总面积 35.47 平方公里，有耕地面积 833.33 公顷，其中旱田 594 公顷，水田 239.33 公顷，人均耕地面积 0.49 公顷；另外有林地 2281.06 公顷，草地 140.17 公顷。下辖 17 个村民小组、11 个自然屯。户籍人口 642 户 1741 人，其中朝鲜族人口 1369 人，占总人口的 81%；而常住人口仅有 164 户 233 人。党支部在册党员 54 名，其中在村党员 28 名。村"两委"班子成员 6 人，男女比例均为 2:1，平均年龄 50 岁，村党支部书记元永镇是致富带头人、省人大代表。

东明村社会经济发展基础较好，是龙井市社会主义新农村建设先进村。东明村现有产业主要由种植业、养殖业等构成。主导产业为种植业，主要农作物为玉米和大豆，主要经济作物为蔬菜和晒烟。为了增加村集体收入，拓宽村民致富渠道，东明村紧紧依靠农村基础产业优势，研究探索发展壮大村集体经济，建立了"支部+合作社"模式，以村民入股的方式，联合了 170 户村民，成立了果蔬专业合作社，投资 600 多万元建设东明村果蔬基地，占地面积为 5 公顷，目前建成暖棚 19 座、日光棚 6 座，种植了草莓、葡萄、反季蔬菜等经济作物。养殖业以猪、牛、羊为主。东明村共有农民专业合作社 5 家，其中种植类农民专业合作社 3 家，养殖类农民专业合作社 2 家。2016 年村集体经济收入为 61 万元，2017 年村集体经济收入 121.53 万元。2017 年农民人均纯收入 1.1 万元。

2016 年初有建档立卡贫困户 173 户 258 人，年末脱贫 108 户 164 人，动态退出 7 户 11 人，新增 0 户 0 人，剩余贫困户 58 户 83 人，贫困发生率为 4.77%。2017 年 8 月通过精准识别、年末脱贫和动态调整，实有建档立卡人口 10 户 19 人，其中脱贫户 6 户 10 人，贫困户 4 户 9 人，贫困发生率为 0.52%。建档立卡人口中，五保户 0 户 0 人，低保户 8 户 16 人。因病致贫 6 户 10 人，占总数的 52.63%；因残致贫 4 户 9 人，占总数的 47.37%。

如今的东明村在 2003 年 12 月由原仁化村和东明村合并而成。原仁化村紧紧依托地域优势，倾力打造海兰江民俗生态园，大力发展民俗旅游产业，为进一步做强做大旅游产业，提高对外知名度，仁化村提出将仁化村村名改回东明村。东明村的历史比仁化村更悠久，因此将仁化村更名为东明村。

2018 年 8 月 13 日，中国人民大学课题组一行 4 人对东明村的生态宜居发展情况进行了细致和深入的调研，总结了东明村生态宜居村落发展的现状，发现东明村生态宜居村落的建设以民俗旅游产业带动为主要特点，在此基础上总结了东明村民俗旅游产业发展的资源优势和发展现状，民俗旅游产业的发展为东明村的生态宜居村落建设提供了产业基础和经济支撑。基于此，本报告进一步分析了民俗旅游产业兴旺对生态宜居建设发展的带动作用，对东明村的生态宜居发展经验、存在的问题进行了总结，并且结合以上内容提出了进一步发展的目标。

**二、生态宜居村落发展现状**

（一）基础设施宜居情况

自兴屯（东明村村部）已统一规划建设了具有朝鲜族特色的民居，在建筑风格上体现了现代与民族建筑风格结合，美观实用，铺设了自来水管网，基本实现了屯内巷路硬化，建成了文化活动室、足、篮、排、门球场等文化、体育活动场所，村民居住条件、生活环境有了极大改善，村容村貌焕然一新，为将来发展奠定了一定的基础。近几年，东明村积极加大基础设施建设力度，累计投入 4150 万元。修建海兰江堤防 1015 米；完成灌区改造、土地整理等重大农田水利工程；新装太阳能路灯 85 基；新增绿地 1 公顷，种植花冠木 1.5 万株；安放垃圾箱 40 个；修建传统民俗观景围墙建设 1000 延长米；完成公益造林 15 公顷；新建农村公路 21.1 公里；围绕延龙图一体化共享基础设施建设需要，开工建设东明村海兰江大桥，筹划建设东明至延吉小河龙道路建设工程，拉近了与区域中心城市的框架链接距离，为村民提供了良好的生活环境，方便了村民出行，夯实了创建工作基础。

（二）经济建设宜居情况

2011 年以来，东明村依托地处延龙图腹地的地域优势，积极打造朝鲜族特色村寨，建设社会主义新农村，特色村寨项目包括海兰江民俗园、特色经济植物规划区、东明湖规划区、海兰江畔稻花香观光农业产业规划区、标准化住宅规划区5个产业项目。五年来，多方筹集资金5000多万元，截至目前，核心工程，如朝鲜族特色村寨的海兰江民俗生态园、8栋传统民俗瓦房、7栋传统民俗泥草房、民俗文化广场等已建成，进入试运行阶段；配套附属工程，特色经济植物规划区的核心项目——东明果蔬基地已完工，建有19座暖棚，以种植反季节水果草莓、葡萄为主，暖棚产出的草莓在市场上供不应求；东明湖规划区的核心项目天池奇石馆业已建成投入使用；海兰江畔稻花香观光农业产业规划区、标准化住宅规划区正在抓紧谋划和建设中。围绕延龙图一体化共享基础设施建设需要，开工建设东明村海兰江大桥和东明至延吉小河龙道路建设工程，拉近了与区域中心城市的框架链接距离，大大方便了游客进出。积极组织和鼓励各族村民在特色村寨周边经营食、住、行、游、购、娱等旅游综合服务项目，带动村民共同致富。

2017年东明村村集体经济收入达到1215307元，其中：公益林补偿款131887元、草莓基地承包款6万元、林地购置费1023420元。东明村发展壮大村级集体经济主要依靠海兰江民俗生态园发包收入、公益林补偿款、烘干塔项目、草莓基地承包款等方式。为深入实施扶贫产业项目，基于海兰江民俗村申请获得国家扶贫基金项目扶持资金4000万元，建设东明村室内水上游乐园，效益资金为3200万元，其中的6%，即每年192万元用于扶贫。扶贫项目覆盖全乡镇9个村的贫困户达1700多户。负责人元永镇同时也是东明村的村党支部书记，被评为2016年全国农业劳动模范。海兰江民俗村作为东明村逐步形成民俗旅游带动型生态宜居村落的主要动力，将在第三部分进行详细介绍。

（三）社会发展宜居情况

为不断加快新农村建设步伐，全面提升对外形象，深入开展卫生、文明、生态、旅游、园林村争创活动，累计完成各类投资1830万元。加快特色民生工程建设进程，投资115万元，新建农村公路1.1公里；投入1000万元，完成灌区改造、土地整理等重大农田水利工程；投入资金276万元，修建传统民俗观景围墙建设1000延长米，改造农村危房28户。大力实施"亮绿美净硬"工程，新装太阳能路灯85基，新增绿地1公顷，种植花冠木1.5万株，安放垃圾箱10个，建设卫生厕所161座，完成公益造林15公顷，农村安全饮水达标率达到100%。围绕延龙图一体化共享基础设施建设需要，开工建设东明村海兰江大桥，筹划建设东明至延吉小河龙道路建设工程项目，缩短了与区域中心城市的框架链接距离。

2015年投入50万元对村部进行了扩建，村部面积为296平方米，其中便民服务大厅70平方米、学习会议室75平方米、文体活动室80平方米、卫生计生室18平方米、民生服务室53平方米；文化广场360平方米，安装微晶散热电暖器，以保证村部冬季的正常使用。2017年，东明村投入10万元进行老化卫生所及老年活动改造，共计140余平方米，为村民医疗卫生和活动提供了有力保障。

（四）生态环境宜居情况

以实施新农村建设"千村示范、万村提升"工程为载体，以清垃圾、清粪堆、清柴草、清路障3000余米、改水、改厕100余户、绿化、美化为内容，以加强公路线环境卫生整治为重点，全力做好东明村的环境整治工作。在东明新村投入290余万元，栽植了连翘、杨树、丁香、果树等15000多棵树苗，新建206平方米的居家养老活动室和村卫生所，新建排水沟0.5公里，围墙1.5公里，修缮一座观礼台，新建了门球场、篮球场、羽毛球场等娱乐设施；为村民提供了良好的生活环境，为文明生态村建设提供了坚实的保障。但是仍然存在投入不足，创建资金缺口较大的问题。尽管几年来多方投入，但由于村基本集体经济薄弱，基础设施落后，所以在道路硬底化、改水改厕、排水排污、垃圾处理、绿化美化等方面达标仍存在很大的差距。

### 三、民俗旅游资源优势及发展现状

（一）民俗旅游资源优势

1. 区位优势

龙井市东盛涌镇东明村位于龙井市东北部，县道龙石（龙井—石井）从东明村北部穿过，向西连接东盛涌镇镇区，向东连接石井村。东明村南北、东西方向的交通都十分便捷。海兰江大桥及公路竣工通车以后，东明至延吉市的通行距离将缩短至10公里。东明村区位优势明显。

2. 资源优势

（1）农业资源。

东明村土地肥沃，种植业基础较好。主要农作物为玉米和大豆，主要经济作物为蔬菜和晒烟。东明村联合了170户居民，成立了果蔬专业合作社，投资600多万元建设果蔬基地，目前建成暖棚19座、日光棚6座，种植了葡萄、草莓、反季蔬菜等经济作物。以草莓为主的果业生产是东明村的特色产业。

（2）旅游资源。

龙井市是中国朝鲜族文化、教育的发祥地，具有悠久的历史文化。东盛涌镇是最具有代表性的朝鲜族集聚区，更是中国朝鲜族最早开发的地区之一。东明村地处延龙图中心地带，具有发展民俗旅游业得天独厚的优势。2012 年东明村成功申请了朝鲜族特色村寨建设项目，得到了东盛涌镇党委、政府的大力支持。东明村位于海兰江南岸，东明村有林地、生态农田等自然资源，为发展旅游业提供了良好条件。村庄周围被农田和林地环绕，背山面水，自然环境优美，空气质量较好，具有发展生态农家旅游的天然优势。

3. 交通优势

有"两纵一横"三道路通过东明村，东明村南北、东西方向的交通都十分便捷。"一横"为县道龙石线（龙井—石井），"两纵"为两条乡道，从东明村到海兰江。

2012 年 10 月龙井市开工建设东明村至延吉市的东明海兰江大桥及公路，并开通公交线路，东明至延吉的通行距离缩短到 10 公里，大大方便了人流往来。

4. 经济基础

东明村经济基础较好，被评为龙井市社会主义新农村建设先进村。

东盛涌镇政府为了完善风俗服务设施，提高风俗、生态、假日旅游接待能力，调整农村产业结构，发展集体经济质量与总量，决定以风俗村寨项目及配套产业项目建设为契机，在东明村自兴屯建设"风俗鲜明、环境优美、设施完善、功能配套"的东明朝鲜族风俗村寨及配套产业基地。

与此同时，为增加村集体收入，拓宽村民致富渠道，东明村紧紧依靠农村基础产业优势，研究探索发展壮大村集体经济，建立了"支部＋合作社"模式，2012 年东明村农业收入为 1567 万元，农民人均纯收入 8749.22 元。

5. 政策优势

作为中国朝鲜族最集中的地区和朝鲜族民俗文化的发祥地，近年来，龙井市大力发展民俗旅游，意在打造中国朝鲜族民俗文化名城。龙井市东盛涌镇党委绝对以东明特色村寨建设为契机，在东明村自兴屯建设"特色鲜明、环境优美、设施完善、功能配套"的东明民俗村。在政策和资金方面都给予了东明村一定的支持。

农民建设家乡的热情高、干劲大，对改善生活条件、居住环境的要求十分迫切，为本次规划彻底改变传统农村生活方式和生产方式打下了有利的社会基础。

（二）民俗旅游发展现状

良好的民俗旅游产业发展，为东明村生态宜居村落的建设提供了产业基础和经济支撑。当前东明村的民俗旅游产业发展呈现出较好的发展态势，民俗旅游产业的发展主要体现在朝鲜族特色村寨的建设和海兰江民俗村的建设两个方面。

1. 朝鲜族特色村寨

由于独特的地域环境，龙井市是中国朝鲜族最集中的地区和朝鲜族民俗文化的发祥地。东明村朝鲜族人口高达85%，是我国朝鲜族最集中、朝鲜族民俗和历史文化保存最完整的村屯之一。一直以来，东明村注重遵循传统民俗与文化特色，保持民俗的原生态特点，从建筑、服饰、饮食、日常习惯等多方面展现民俗文化，形成了具有中国朝鲜族浓郁民俗特点的风土风情。

2012 年东明村成功申请了东明朝鲜族特色村寨建设项目，该项目位于自兴屯，自兴屯是东明村村部。计划新建集朝鲜建筑民居、民族服饰、生活起居、饮食文化、民间艺术等民族文化资源于一体的东明朝鲜族民俗特色村寨，建设奇石馆、民俗馆、莲花池、湖心岛、村寨入门牌楼等，打造东明独特旅游形象。目前，已完成一期投资，耗资595万元，建设朝鲜族特色村寨房屋8座，奇石馆等配套景观也已初步建设完成。东明村位于海兰江江畔，风景优美，自然旅游资源也十分丰富。

因地处延边朝鲜族自治州，有丰富的朝鲜族文化氛围，因此将朝鲜族文化进行整合并吸纳，建设朝鲜族民俗村，并结合自身的条件，不断完善和丰富民俗村项目，建立了因毗邻海兰江而得名的海兰江民俗村民俗旅游项目，现已成为中国美丽休闲乡村之一。

因海兰江民俗村的不断发展，东明村在民俗旅游方面独具朝鲜族民俗特色，民俗旅游发展呈现明显优势，东明村因此获得多项先进奖项。2013 年 3 月被中共龙井市委员会龙井市人民政府评为龙井市 2012 年度特色村寨建设先进村称号；2015 年 6 月被吉林省旅游局评为吉林省 3A 级乡村旅游经营单位称号；2015 年 10 月被吉林省社会主义新农村建设领导小组评为美丽乡村称号；2015 年 12 月被吉林省精神文明建设指导委员会评为全省文明村镇称号；2016 年 2 月被州"双创"工作领导小组评为老年文体小康村；2016 年 2 月被吉林省旅游协会评为 2015 美丽吉林旅游风云榜——吉林省特色民宿称号；2016 年 2 月被全国休闲农业与乡村旅游星期企业（园区）评审委员会评为全国休闲农业与乡村旅游 4 星级企业称号；2016 年 10 月被中华人民共和国农业部评为中国美丽休闲乡村称号；2017 年

3 月被国家民委评为中国少数民族特色村寨称号；2017 年 11 月被中央精神文明建设指导委员会评为全国文明村镇称号；2017 年被市"两学一做"学习教育协调小组评为龙井市灯塔支部称号；2018 年 4 月被延边朝鲜族自治州红十字会评为先进单位称号。

2. 海兰江民俗村

（1）海兰江民俗村基本情况。

为摆脱农业产业结构单一，抵御自然灾害和市场风险能力较弱的困境，村党支部书记元永镇始终坚持对更高发展目标的倾心探索，他一直在思索该如何转变东明村的生产方式，更好地发挥农业资源多功能的增收潜力。2012 年，他大胆地提出"以打造朝鲜族特色村寨、建设社会主义新农村"发展构想，主要依托东明村地理优势，大力推进乡村旅游建设。于是，东明村成立了"龙井市海兰江民俗生态有限公司"。元永镇积极申请国家兴边富民行动特色村寨专项资金、扶贫资金以及省、州地方配套扶持资金共 1 亿多元，开辟建设集朝鲜族风情景观区、民俗文化展示区、特色农业采摘区于一体的海兰江民俗生态园。该项目占地面积 30 多公顷，建筑面积 2 万多平方米。建成朝鲜族仿古瓦房、特色民俗围墙、天池奇石馆民俗文化活动中心等特色项目，并于 2016 年"五一国际劳动节"正式对外营业。刚营业不久的海兰江民俗生态园，就显示出了独特魅力，很多游客纷纷慕名而来，东明村特色村寨已然成为延边州旅游发展的新亮点。投资 3400 多万元的水上乐园项目以及露营等旅游配套设施正在建设中，即将全面运营，届时该项目的旅游收入将使东盛涌镇 1600 户、2133 人全部脱贫。2019 年还将投资 3000 多万元，兴建宾馆、民俗馆等，这些项目全部竣工营业后，不仅能发展壮大村集体经济收入，还将成为延边州最大的集"民俗旅游、休闲度假、生态观光、餐饮娱乐"于一体的旅游度假区。

龙井市海兰江民俗生态园成立于 2014 年 9 月 18 日，因毗邻海兰江而得名，地址位于吉林省龙井市东盛涌镇东明村，法人赵昌柱为东明村村长。公司注册资本 500 万元整，其中龙井市东盛涌镇东明村村民委员会认缴资金 200 万元，其余 300 万元为个人认缴，如表 1 所示。海兰江民俗村因地处延边朝鲜族自治州，有丰富的朝鲜族文化氛围，股东将朝鲜族文化进行整合并吸纳，建设朝鲜族民俗村，并结合自身的条件，不断地完善和丰富民俗村项目，现已成为中国美丽休闲乡村之一。海兰江民俗生态园占地面积为 32 公顷，现有的项目有朝鲜族特色饭店、奇石馆、民俗节目表演大舞台、朝族特色住宿宾馆、生态观光园、采摘园、养生温泉、钓鱼场、足球场、排球场、朝鲜族民族饮食体验馆。主要经营范围为餐饮服务、生态园采摘、住宿服务、养殖鱼垂钓、休闲娱乐、奇石参观、民俗文化展览、食品零售、室内水上娱乐、温泉养生娱乐。其中餐饮服务占地 0.15 公顷、民俗住宿占地 0.13 公顷、养殖鱼池 10 公顷、温泉养生娱乐占地 1.5 公顷、有生态采摘棚 24 栋、奇石展览馆 1 座。

表 1　龙井市海兰江民俗生态园有限公司出资情况

| 股东 | 认缴金额（万元） | 股比（%） |
| --- | --- | --- |
| 龙井市东盛涌镇东明村村民委员会 | 200 | 40 |
| 朴花子 | 180 | 36 |
| 元伟 | 120 | 24 |
| 合计 | 500 | 100 |

海兰江民俗村已成为中国美丽休闲乡村之一，主要以形态各异的奇石为主，其中配合具有朝鲜族特色的民俗风情，在民俗村内，游客不仅能欣赏千奇百怪的奇石，还能体验朝鲜族的生活习性，学习朝鲜族的歌舞和特色食品制作。现在要对民俗村项目进行完善，需要新鲜资金的注入，建设酒店 7000 平方米，房间 200 余个；增添儿童娱乐项目，保障儿童在民俗村内的娱乐空间；新建占地 4000 平方米的生态餐厅，可供 2000 人同时用餐。公司 2014 年开始营业，并不断地增加各种项目，引进各种具有朝鲜族特色的饮食文化。现在已经吸引的朝鲜族文化有朝鲜族打糕、辣白菜、朝鲜族歌舞团队，2016 年 10 月 1 ~ 4 日在民俗生态园中举办的延边州民族农夫辣白菜节备受中外界人员喜爱。4 天人流量预计达 100000 人次。

（2）特色旅游项目介绍。

一是养生温泉。养生温泉秉承儒家思想，弘扬传统中医治"未病"的理念并结合现代食补、理疗、艾灸等技术，通过养生的方式帮助人体达到身体和心灵上的疗愈与和谐。养生温泉以"沐浴快乐生活，追求健康人生"为宗旨，打造"礼浴至达天下"的洗浴文化。让顾客在寒冷的冬天接受温泉的洗礼，感受大自然带给人们的独特魅力。

二是冬季滑冰场。由于东北地区冬季漫长而寒冷，冬季民俗园的室外水面结出厚厚的冰，形成自然的滑冰场，经过民俗园内工作人员的冰面清理及安全措施维护，形成了大型的滑冰场，可供顾客冬季进行滑冰，并为顾客提供冰刀鞋。这在东北地区的各式水面上普遍存在，成为东北地区的一项特色项目，独具特色与魅力。

三是钓鱼场。由于濒临海兰江，通过对海兰江水库的引流，民俗园内成为天然的鱼塘，日常中可供顾客垂钓休闲，冬季水面结冰后，民俗园提供冬钓娱乐项目。试想一下，在结冰几十公分的冰面，享受垂钓的乐趣，也不失为冬季钓鱼爱好者的一项新项目，不仅能满足垂钓的心理，还能感受冬钓的独特魅力。

四是生态园。民俗村内有一块单独的地方为生态园区，其内主要植株为亚热带植物。生态园外围为玻璃，保证生态园内各种植株的正常光合作用，冬季生态园内，有全面的供暖措施，在寒冷的冬天仍能享受大自然的独特魅力。生态园内还有朝鲜族文化展示区、一个中型舞台和一个可供150人同时就餐的餐厅，在生态园内就餐，观看着朝鲜族的歌舞表演、享受着朝鲜族的文化、呼吸着大自然的新鲜空气，也不失为一种新体验。

五是民俗宾馆建设。海兰江民俗生态园现已有7间民族特色茅草房。房屋以木搭架，用拉哈辫抹泥为墙，屋顶四面坡，用稻草覆盖。每房有四扇或五扇门（同时也是窗），室内通屋为炕，进屋脱鞋，盘腿而坐。院内放牛车及捣米用的杵臼。海兰江民俗生态园要将朝鲜族民族文化推向全国，故所有房屋设计一切按照古代朝鲜族房屋设计。让来游玩的游客切身地体验到延边特色的民俗文化。

六是朝鲜族特色餐厅。海兰江民俗生态园内现在有朝鲜族特色餐厅1间，可同时接纳300人用餐，正宗、地道的朝鲜族美食成为延边州的一大特色，也是吸引各地游客前往的原因之一。海兰江内的特色餐厅结合了整个延边州的特色美食，要把最有延边特色的食物带给游客。

（3）水上乐园项目。

为了弥补东北地区冬季寒冷漫长、娱乐项目较少的不足，进一步促进东明村的特色旅游业做大做强，开始建设水上乐园项目。该项目在符合城市发展规划需要的同时，也是促进产业结构调整、发展特色旅游业以及发扬朝鲜族民族传统文化的重要手段。既符合延边州与东盛涌镇的发展规划，能够带动当地特色旅游业的发展，提供大量的工作岗位，对促进当地就业有积极作用，又能够发扬朝鲜族民族传统文化，具有良好的社会、经济效益。

**四、产业兴旺对生态宜居的带动作用**

民俗旅游作为东明村最具核心竞争力的产业，是东明村生态宜居发展的产业基础，为东明村生态宜居的建设提供了经济支撑。

（一）搭乘旅游设施建设，促进基础设施宜居

以东明村特色村寨的建设为契机，完善服务设施，提高旅客接待能力，建设"特色鲜明、环境优美、设施完善、功能配套"的东明民俗村。改善交通、住宿、餐饮条件。规划发展朝鲜族农家民宿，让旅客体验朝鲜族民俗民宿人生礼仪、节庆风俗。在现有的饭店中挑选民宿旅游饭店，经营朝鲜族特色饮食，品尝民族餐饮。

（二）提供大量就业岗位，促进经济建设宜居

东明村的民俗旅游项目盈利能力强，带动了当地居民的就业，提高了居民收入，具有良好的社会效益。现在的东明村不仅是居民休闲游玩的好去处，还提供了很大一部分就业岗位，促进了产业结构的调整，极大地拉动了当地经济的发展、提高了农民收入水平。经济建设仍然是生态宜居建设的首要任务，经济建设宜居是生态宜居的基础和保障，只有摆脱了贫困，才是真正的宜居。因此为深入实施扶贫产业项目，基于海兰江民俗村申请获得国家扶贫基金项目扶持资金4000万元，建设东明村室内水上游乐园，效益资金为3200万元，其中的6%即每年192万元用于扶贫，远高于南方普遍的2%～3%。扶贫项目覆盖全乡镇9个村的贫困户达1700多户。

（三）建设民族特色村寨，促进社会发展宜居

在东明村朝鲜族民俗村寨现有的建设基础上，深入挖掘朝鲜族的建筑文化、民俗服饰、生活起居、饮食文化、民间艺术等一系列民俗文化资源。建设民俗馆、莲花池、湖心岛、村寨入门牌楼等特色景观，打造东明独特旅游形象。注重朝鲜族风俗民居的保护与建设，科学规划和设计特色村寨的布局、规模，形成覆盖全村的朝鲜族民族建筑格局。开展民俗旅游活动，发展朝鲜族农家民宿，让旅客体验朝鲜族民宿人生礼仪、节庆风俗，如朝鲜族传统婚礼、朝鲜族花甲礼、朝鲜族抓周礼、朝鲜族回婚礼等。安装朝鲜族水车、秋千、踏板等民俗设施，增加朝鲜族民俗舞蹈表演和民族乐器的演奏活动，增加游客的民俗旅游体验。

（四）依托民俗旅游项目，发展生态环境农业

1. 城郊农业

依托优越的区位条件和便捷的交通，东明村应大力发展城郊型农业。做强玉米、大豆为主的种植业，积极探索和完善种植技术，大力推进土地改良并扩大种植面积。加速发展特色种植业，调整种植业结构。

加速建设东明果蔬基地，发展反季瓜果蔬菜，供应城市超市。突出草莓等果业生产，加强科技培训力度，引进优良品种和先进栽培技术，培育"牛奶草莓""白草莓"等新型草莓。建立草莓采摘园，举办"草莓采摘节"等活动，吸引东盛涌镇的居民前来采摘草莓，打造东明草莓品牌。

2. 生态农业旅游业

以多种形式的农业立体开发，用先进的农业生产技术和理念带动生态农业旅游的发展。形成海兰江畔稻花香观光农业产业规划区、草莓观光采摘区、果蔬基地体验区、生态旅游观光区等几大农业观光区域。以低碳的农业生产带动观光之旅，以优美的农业景观带带动踏青之旅，以悠闲的农事体验带动体验之旅。

## 五、经验总结

### （一）探索创新，发挥能人带动作用

2011年，元永镇当选村党支部书记以来，全身心投入到创新发展模式和转变生产经营方式上，通过支部主导、党员带头，推动农业产业发展和结构调整，大力开展乡村旅游，带动村民共同致富，加快建设社会主义新农村，使家乡发生了翻天覆地的巨大变化。经过7年的努力，东明村成为"生产发展、生活富裕、乡风文明、村容整洁、管理民主"的具有朝鲜民族特色的知名乡村。元永镇担任东明村党支部书记后，第一时间探寻改变家乡落后面貌的良策。经过反复思考，提出了"支部＋合作社"村集体经济发展模式，通过整合村集体资源，发展棚膜经济，探索农民增收新途径。

村党支部书记元永镇自上任以来，深入开展党建工作，提高党组织战斗力。认真履行党建工作第一人职责，严格落实"三会一课"制度，抓好支部班子建设，在2014年党的群众路线教育实践活动中，在全市农村范围内率先召开了组织生活会，得到了省、州、市委督导组的认可。不断加强队伍建设，3年来，培养发展对象7名，发展党员6名，其中35岁以下3名，大专以上学历3名；培养村党支部书记后备3名，村干部后备5名。认真抓好外出务工人员返乡创业"回引工程"，成功回引返乡创业对象4名。加大资金投入力度，夯实基层阵地建设。2015年，争取资金49万元在原村部基础上进行了扩建，村级组织活动场所面积达到410平方米。抓好精神文明建设，营造特色党建文化。加大文明村镇创建力度，大力开展社会主义核心价值观宣传活动。连续两次荣获省级文明村镇称号。传承朝鲜族传统文化，打造朝鲜族特色村寨。积极推进乡村旅游建设，着力

打造朝鲜族特色村寨。多方筹集资金 5416.57 万元，建设 1000 平方米的生态园、15 栋朝鲜族民居（其中泥草房 7 栋）和 1000 平方米的文化广场、1600 平方米的天池奇石馆，建设了东明村海兰江大桥和东明至延吉新光四级公路。2015 年东明村村集体经济收入达到 21.9 万元，连续两年全体村民农村医疗保险实现了由村里代缴。东明村先后被评为吉林省美丽乡村、省级三零示范村屯，州级和谐幸福村、市级特色村寨建设先进村等荣誉称号。

为打造好特色村寨，近年来，元永镇多方筹集资金，为东明村投入资金 4150 万元，修建海兰江堤防 1015 米，完成灌区改造、土地整理等重大农田水利工程，农村安全饮水达标率达到 100%。为大力实施"亮绿美净硬"工程，东明村新装太阳能路灯 85 基，新增绿地 1 公顷，种植花冠木 1.5 万株，安放垃圾箱 10 个，修建传统民俗观景围墙建设 1000 延长米，改造农村危房 28 户，建设卫生厕所 161 座，完成公益造林 15 公顷，新建农村公路 1.1 公里；使村容村貌焕然一新，为村民提供了良好的生活环境。每年的"三八"节、"重阳节"、"七一"节等重要节日，元永镇书记都会组织全村群众开展文艺演出、足球、排球、秧歌等形式多样的民族活动，营造村民之间和睦相处、互相尊重、互帮互学的浓厚氛围，促进党的建设和精神文明建设取得新的发展和提高。

（二）因地制宜，建老年协会促增收

由于延边州普遍存在的青年劳动力外出到韩国打工导致的人口老龄化极为严重的现状，东明村成立了老年协会，在丰富老年人生活休闲娱乐活动的同时，积极探索老年人增收方式。

东明村老年协会成立于 1982 年，现有一个村级老年协会，12 个屯级老年分会，有会员 283 人，其中，朝鲜族 233 人，有助老志愿者 30 人。经过多年的发展，已形成了以村老年协会为中心，屯级老年分会为支点，辐射两级的联动网络覆盖体系。东明村老年文体协会与东明村老年协会属于"两套牌子、一套班子"。近年来，协会还多方争取资金 400 万元，建设了 4 户居家养老大院，并在村部所在地的大院周边新建了活动广场、门球场、观礼台、排球场、篮球场、足球场等娱乐设施，配备了电视、DVD、图书和乐器等娱乐器材和必要的厨房和生活用品，居家养老活动室成为全村老年人开展文化娱乐活动的重要阵地。充分发挥服务老人、服务社会的积极作用，成立老年人矛盾纠纷排查调解中心，维护老年人合法权益。并制定了居家养老服务中心工作职责、学习制度和志愿者服务等制度，为居家养老服务的开展提供了坚实的组织保障。协会定期在居家养老大院有组织地开展丰富多彩的文娱活动和学习活动，组织老年人开展扭秧歌、玩画图、打门球、打排球等文化娱乐活动；为老年人提供科技、法律及党和国家方针政策等咨询，为有求知要求和愿意发挥余热要求的老年人提供学习、培训、组织、协调、联络等服务；还定期请镇卫生院医生给老人们进行保健知识讲解和检查身体，提高老年人健康水平。

协会积极探索创收增收模式，采取 7 项举措，取得了良好的效果。一是经营增收，将 19 座日光大棚发包给农户，由老年协会统一管理，产生的租金按比例分成；二是技术增收，成立老年农业技术生产指导队，对缺乏种植、养殖经验的农户进行技术指导，根据实际收取一定报酬；三是生产增收，承包集体耕地 3 公顷，种植玉米等农作物，卖出后扣除相应费用，剩余部分作为协会收入；四是演出增收，组织村老年人秧歌队、舞蹈队到周边地区开展文化交流和演出活动，赚取演出费；五是租赁增收，将新建的活动广场、门球场、观礼台、排球场、篮球场、足球场等体育设施进行租赁，增加协会收入；六是管护增收，主动承担全村国家公益林的森林防火管护工作，获取劳务报酬，多年来未发生重大森林火灾；七是平安增收，成立老年人治安巡逻队，定期进行巡逻，村里每年按人头发放劳务费。通过以上措施，东明村老年协会每年能创收 5 万余元，老年协会利用这些创收收入，购买各种活动必需用品，并组织开展丰富多彩的文化娱乐和帮扶活动，协会的活动氛围越来越好，老人们也越来越快乐。

（三）发挥优势，着重发展民俗旅游

自 2011 年以来，东明村依托地处延龙图腹地的地域优势，积极打造朝鲜族特色村寨，建设社会主义新农村，特色村寨项目包括海兰江民俗园、特色经济植物规划区、东明湖规划区、海兰江畔稻花香观光农业产业规划区、标准化住宅规划区 5 个产业项目。五年来，多方筹集资金 4340 万元（其中，国家彩票公益金 186.83 万元，扶贫示范项目资金 370 万元，财政扶贫资金 65 万元，财政农发资金 827.2 万元，民宗局兴边富民资金 1021 万元，整村推进资金 100 万元，交通局 403 万元，发改局长吉图项目建设补助资金 200 万元，发改局建设投资补助 120 万元，自筹资金 1450 万元）。截至目前，核心工程已完成，朝鲜族特色村寨的海兰江民俗生态园、8 栋传统民俗瓦房、7 栋传统民俗泥草房、民俗文化广场等已建成，已进入试运行阶段；配套附属工程，特色经济植物规划区的核心项目东明果蔬基地已完工，建有 19 座暖棚，以种植反季节水果草莓、葡萄为主，暖棚产出的草莓在市场上供不应求；东明湖规划区的核心项目天池奇石馆业已建成并投入使用;海兰江畔稻花香观光农业产业规划区、标准化住宅规划区正在抓紧谋划和建设中。下一步将积极组织和鼓励各族村民在特色村寨周边经营食、住、行、游、购、娱等旅游综合服务项目,带动村民共同致富。

## 六、存在的问题

(一)基础设施建设水平低,服务设施仍有不足

道路、排水、供电、电信等基础设施不完善,与村容整洁、设施齐备的要求差距较大,电话、有线电视、信息网络等通信设施的覆盖率有待提高。制约了东明村经济和建设的发展以及人民生活水平的提高。

服务设施建设规模的不足也体现在旅游服务设施上,旅游服务设施的配套的不完善在客观上制约了东明村旅游业的发展。

(二)农业产业化程度偏低,缺少农业龙头企业

农业生产产业化、组织化程度较低。传统粮食种植业比重高,特色产业规模较小。农产品结构中,具有市场竞争力的品种比重偏低。缺少拉动力大的农业产业化的龙头企业,农产品附加值较低。

(三)民俗旅游业宣传不足,市场定位不够明确

东明村有丰富的旅游资源,在东明特色村寨的建设方面也投入了大量的资金。但是目前东明村乃至东盛涌镇的旅游在延边州、东北区的知名度都较低。旅游景点的知名度低,对游客的吸纳力不够是制约东明村旅游业发展的根本因素。同时,对于东明村的民俗旅游业发展缺少明确的市场定位,这使旅游产品缺乏针对性。

(四)社会保障体系不完善,村民福利水平较低

东明村的公共服务水平与其他地区相比还存在一定的差距,这来源于很长一段时间以来公共资源存在严重的"重城市、轻农村"的配置倾向,东明村的教育、卫生和社会保障等公共服务存在落后、不足的问题。由于收入水平低、教育支出日益增长,东明村农民的教育负担过重,东明村农民不堪教育支出的重负,严重阻碍了东明村人力资本的积累。另外,东明村的医疗卫生事业发展水平落后,医疗卫生保障体系不完善,医疗卫生设施设备简陋。这给人口老龄化日趋严峻、土地流转普及下农村土地养老功能锐减的东明村,造成了严重的社会保障方面的阻碍,村民的福利水平提高受到极大的限制。

（五）文化教育事业较薄弱，人口素质有待提高

东明村文化教育设施不足，满足不了人民群众的精神文化生活。基础教育薄弱，人口素质有待提高，制约了生态环境建设和经济发展。

## 七、发展目标

（一）基础设施宜居目标

基础设施建设不断加强。使主要指标达到国家规定目标，健全了东明村基础设施。

服务设施不断健全。发扬公共文化、改善老年活动室、积极支持帮助村部开展文化活动，健全东明村公共服务设施，保障村民享受文化的权利，丰富村民文化生活。

（二）经济建设宜居目标

村民年人均收入不断提高。到 2018 年东明村人均收入达到了 12000 元。

预测至 2020 年，东明村第一产业年均增长率为 10%，产值实现 3359 万元；预测到 2020 年东明村人口为 1829 人，其中 15% 从事旅游业和相关行业，平均人均收入达 3 万元，第三产业产值实现 823 万元。到 2020 年，东明村生产总值将达 4182 万元，三次产业结构实现 80：0：20，人均纯收入达 2.5 万元。

预测至 2030 年，东明村第一产业年均增长率为 10%，产值实现 8712 万元；预测到 2030 年东明村人口为 1866 人，其中 20% 从事旅游业和相关行业，平均人均收入达 5 万元，则第三产业产值实现 1866 万元。到 2030 年，东明村生产总值达 10578 万元，三次产业结构实现 80：0：20，人均纯收入达 5 万元。

合理市场定位，有针对性地加强民俗旅游宣传。东明村特色村寨在旅游和服务设施的建设上已投入大量的资金，但市场定位不明确，宣传力度不够，对游客的吸纳力较低。与龙井市其他民俗村旅游资源相近，易产生竞争。东明村民俗旅游业应与生态农业旅游相结合，建设东盛涌镇郊区的重要的城郊休闲、观光旅游基地。民俗旅游属于高层次的旅游，东明村民俗旅游的宣传应有针对性，以不同的方式加大宣传力度，扩大东明村民俗旅游在延边州、东三省乃至全国的影响力。如举办观赏性、参与性、娱乐性都很强的"民俗文化旅游节""民俗文化旅游博览会"等民俗文化节庆活动；在中国旅游网、中国旅游信息网、吉林旅游网等多种官方网站上报道东明村民俗旅游的最新消息；印刷多种形式的宣传品，如民俗画册、宣传手册、纪念邮票、明信片、挂历、街头海报等，展开图文并茂的

文字图片宣传。

（三）社会发展宜居目标

社会事业全面进步。确保全村养老保险及城乡居民社会养老保险基本实现全覆盖，医疗保障水平全面提高，保障贫困人口的义务教育、基本医疗、住房安全，帮扶贫困人口早日脱贫困帽。

科技、教育、文化、卫生、体育等各项社会事业全面发展，社会发展更趋和谐，人民生活水平得到较大提高。有线电视普及率达到100%，电话普及率达到100%。人口自然增长率控制在4‰。

（四）生态环境宜居目标

进一步加强农村基层组织建设、党风廉政建设、民主法制建设、乡村治理和精神文明建设。积极开展建设学习型党组织活动，与村党员干部一道学习政策法规，探讨农村科技，谋划发展出路。通过村庄环境治理，以村庄生产、生活设施建设和人居环境的改善为主要目标，重点进行"三清、五通"活动，使乱差的状况得到根本的改变，农村面貌发生明显变化。

一是对村庄进行"三清"活动，即清垃圾、清路障、清庭院；清理村庄道路、巷道旁乱堆乱放柴草杂物，做到道路整洁通畅；清理打扫庭院房前屋后，规整院内堆放杂物，做到院落整齐清洁。

二是实现"五通"，对村庄进行通路、通水、通电、通信息、通广播电视。修建四级以上的村村公路，修建村庄内部道路、巷道；普及自来水，争取到规划期末农村改水普及率达到100%，实现饮水安全卫生；完善村庄生产生活供电线路和设施，保证安全、稳定供电；确保电话和邮路通畅，能为农牧民群众提供方便快捷的信息服务；实现广播、电视全面进村入户。

# 附录2　吉林省伊通镇小营城子村生态宜居调研报告

**摘　要：**伊通镇小营城子村作为一个经济欠发达、环境治理处于起步阶段的村落，利用自己现有的资源探索出了一条适合自己村况的环境整治之路。通过多年的实践与探索，小营城子村在居住条件、公共设施、生态环境三个方面做出了努力，通过最大化现有资源，初步实现了村内村容整洁，房前屋后干净无垃圾。

经过近两年来的环境整治，无论是外在的生态环境，还是村民内在的精神面貌都发生了或大或小的改变，但仍然存在卫生维持效果不明显、乡风文明建设薄弱等问题需要进一步完善。

**关键词：** 小营城子村；环境整治；生态宜居

美丽中国的建设离不开美丽乡村，然而建设美丽乡村的核心工作就是对农村进行居住与生态环境整治。我国作为一个农业大国，农村占比仍然很大，农村的环境对于农民的生产生活有至关重要的影响。农村环境不仅影响农村居民生活质量和幸福指数的提高，还会影响农村的社会稳定和新农村建设的步伐。2016年12月中旬召开的中央经济工作会议提出，要进一步推进农业供给侧结构性改革，加强农村环境突出问题的综合治理力度。2017年中央一号文件指出，要深入开展农村人居环境治理和美丽宜居乡村建设。2018年政府工作报告指出，要稳步开展农村人居环境整治3年行动、大力实施乡村振兴战略。同时，2018年中央一号文件提出，让乡村环境优雅、整洁美丽，是全面建成小康社会实现中华民族伟大复兴的题中应有之义。习近平总书记提出的"绿山青山就是金山银山"正是农村振兴战略中生态宜居性的具体体现。因此，在全面建成小康社会的关键时期，全面改善农村环境，建设生态宜居村，不仅是新农村建设的客观要求，也是普惠千万农民大众的民生任务。抓住当下农业农村发展的历史机遇，全面实施乡村振兴战略，加快推动农业农村现代化进程，离不开乡村宜居建设与乡村环境整治。

## 一、村况背景

### （一）概况

伊通满族自治县伊通镇小营城子村，位于伊通镇西部，靠近七星山的七座孤山之一的南山景区。下属5个自然屯，每个屯有2个生产小队。本村共有621户2300人，其中建档立卡贫困户13户27人，少数民族占比80%以上，基本都是满族。小营城子村耕地面积781公顷，人均土地面积0.33公顷，村民人均收入3000~4000元。本村以种植业为主，主要种植玉米、水稻，暂时没有其他产业。当地以平原地形为主，基本上实现了现代化机耕机收。2016年末集体经济收入12万元，集体经济收入主要来源是机动地发包。本村基本医疗参保率在80%以上，基本养老参保率90%以上。小营城子村党组织建制为党总支，下设5个党小组，共有党员 34 名，其中女党员 5 名，最大年龄 87 岁，最小年龄 32 岁，平均年龄 54 岁，常年外出党员 6 名，年老体弱党员 9 名，贫困党员 8 名。2016 年村党组织换届后，村"两委"班子成员 7 人，交叉任职 3 人，其中高中学历 5 人，中专学历 2 人，大专学历 5 人。村书记和村主任"一肩挑"，现任村党总支书记张伟光，是满族人，大专毕业，1977 年出生，其父是任职 22 年的老村长，自 2016 年上任以来，已任村书记 2 年。

（二）整治前的情况

经现场调研观察，结合村民访谈建议，小营城子村在 2016 年以前主要问题集中在环境设施方面：村内垃圾乱堆乱放现象严重，影响整个村子的外在形象；村内主干道不通，泥土道路雨天十分危险；各种粪便随处倾倒，夏天气味尤其难闻；村庄缺乏绿化，道路两侧的树木多被毁坏；围墙简陋随意，部分村民的房屋仍比较破旧。经过两年的大力改造，村庄的整体环境已经有了很大的改善。

## 二、整治的实践

"村容整洁"是乡村宜居建设的一个重要环节，农村人居环境是指农村范围内人们生活的物质环境和非物质环境的综合，其中住房、基础设施建设和生活环境状况，是衡量人居环境状况的重要指标。我国社会主义新农村建设以来，农村人居环境发生了明显的变化，我国农村人居环卫基础设施建设严重滞后，人居环境脏、乱、差依然普遍，农村人居环境污染问题依然严重。主要原因是目前没有良好的排水沟渠，村庄畜禽圈舍与住宅户混杂，缺乏排污系统、污水处理和垃圾处理系统，塑料袋、废旧电池、农药瓶、废日光灯管和难降解塑料制品等废弃物随意抛散，畜禽粪便和生活垃圾随处堆放现象普遍，文化、体育、娱乐、休闲等生活性服务基础设施建设普遍不足。为了保障社会主义新农村的建设，国家环境保护总局发布了《国家农村小康环保行动计划》，以有效遏制农村环境污染加剧的趋势，改善农村生活与生产环境。我国前国家环境保护总局局长周生贤提出，社会主义新农村的村容整洁就是"清洁水源、清洁家园、清洁田园"，结合小营城子村的经验，从居住条件、公共设施、生态环境三个方面调查了该村环境整治的实践。

（一）居住条件

1. 农村厕所改造

厕所问题不仅关系到环境的改善，更关系到村民基本的生活。由于缺乏对旱厕危害的认知，村民对于厕所的改造意愿普遍很差，仅仅是觉得有气味，不影响生活。张伟光书记通过对村民进行劝导、说服，组织知识宣传工作，从日常聊天中发现村民对旱厕改造的认知有了潜移默化的转变。小营城子村的厕所改造工程还处于起步阶段。在本村的 5 个自然屯中，每个屯都有 5 户进行了旱厕改造。村委干部前期对几种厕所类型与实施技术，包含上下水道水冲式、双坑交替式、粪尿分集式进行实践学习发现，上下水道水冲式的实施效果最好，一是干净卫生，二是安全省事。因此，本村几户旱厕改造的农户都采取了水冲式的改造。政府在厕所改造方面有一定的补贴措施，对于那些有意愿改造的村民，提供一定的帮助。对于改造农户的后期处理，大部分都是自家挖一个深水井进行粪便处理，但这会对环境产生不好的影响。目前厕所改造的普及率不高，所以还没有全屯、全村统一的粪便处理系统，后期普及率提高以后则考虑村统一管理。

目前，小营城子村在厕所改造方面存在的最大问题是不能普及，小营城子村老人居多，观念根深蒂固，2016 年报名改造旱厕的全村只有 100 户，2018 年大部分还是处于观望的状态，这主要是经济条件受限，本村人均收入 3000 元左右，在基本生活还没保障的情况下，村民很难去主动改造厕所。要想普及旱厕改造，补助力度还应加大，如果不能做到免费给农户改造厕所，那么即使改造意愿提升了，也不会付诸行动。张书记表示，如果资金允许的话，未来几年的无害化厕所普及率将达到 90%。

2. 村庄环境整治

小营城子村在 2006 年经历了龙卷风自然灾害，其中受灾最严重的小洋城屯在 2007 年接受了"国家新农村建设"支持，进行了比较全面的整治，但是其他屯却经历了 9 年的"原地踏步走"时期。小营城子村地形多为平原，农业生产大都采取机械化方式，但是化肥农药使用仍较多，农户都爱用化肥，很少使用有机肥，因此村民普遍没有粪便的处理意识。张书记回忆刚上任的时候，自己家附近的沟里面，猪窝粪便臭气熏天，虽然已经铺上了水泥路，但是每天散步的时候都要掩鼻而过，周围村民也深受其害。自环境整治政策推动以来，各村都开始清理垃圾粪便。借此机会，张书记下决心大力整治村里的环境。一方面加大宣传，给村民上课，不往村街道的沟里倒垃圾；另一方面加大投入，进行大规模垃圾清理，2016 年，小营城子村投入 15 万元整治环境，主要用于清理粪便、陈腐的垃圾，清理路边周、沟渠内积累的垃圾，尤其恰逢过年之后，垃圾堆积严重，累计耗时 8 个月的时间，共清理 300 车垃圾。具体清理成本包括每人每天人工成本 80

元，租赁沟机、翻斗车每天分别为 1200 元、800 元。

从该村的清理环节来看，通过合理分工，初步做到了村庄周边没有垃圾堆放，街头巷尾干净通畅，房前屋后整齐清洁，主要因为以下两点。一是分工明确，专门的保洁人员由村委会老干部负责，每个屯由屯长负责专门打扫，全村一共 10 人负责环境清理。基本做到日清街道、垃圾、杂草。为了加大对屯长清理工作的激励，每年村里会给屯长 2000 元工资作为奖励，由于本村整体经济条件有限，国家许诺的补贴（每个队给 5000 元每人每年）未到，所以村长只能按绩效先记功，等补贴到后再按照工作绩效统一发放奖金。2017 年村里出于对环境整治的重视，将负责清理的屯长月工资涨到了 3000 元，以增强他们的责任心和积极性。二是言传身教，加大宣传。10 个屯里的负责人、村委会干部，不仅仅要挑起打扫卫生的任务，还要进行宣传教育，在亲自清理的过程中或直接或间接地对当地村民进行教育，从源头上扼制垃圾随意丢弃的现象。

从垃圾收集环节来看，小营城子村虽走了弯路，但最终找到了适合自己的垃圾点布局方式。新的垃圾点采取地上收集方式，2018 年开始修建，根据村民习惯的垃圾投放地，建造水泥垃圾点，三面围堵。一方面方便直接用四轮铲车清理，省去租赁其他垃圾车辆的成本；另一方面提高了安全性，减少了村民生活的安全隐患。计划每个屯修建了两个垃圾点，目前全村已经有 10 个这样的垃圾点，每个垃圾点花费 5000 多元，共计花费 50000 多元。这是小营城子村目前为止成效比较明显的治理实践，每个屯长会负责自己屯的垃圾监管，提升了村民的垃圾回收意识。此外，由于本村是农业经营为主，多种植粮食，垃圾种类单一，可回收的垃圾很少，所以没有垃圾分类。

从垃圾处理环节来看，小营城子村还未进行专门的投入建设。县里有大型设备，统一处理乡村垃圾，现在还是试行阶段，没有普及到村里，即使村里将垃圾统一处理起来也无法很好地衔接。因此，利用村子附近两个闲置的林带，每个屯就近统一处理垃圾。小营城子村垃圾处理率达 80% 以上，虽然没有达到每户的垃圾处理，但是 10 个清洁员保证了垃圾的日清。

3. 村庄绿化美化

改善人居环境，不仅要做好垃圾处理的"减法"，还应做好绿化美化的"加法"。因此要因地制宜开展村庄、庭院绿化、美化，在消灭"污水乱泼、垃圾乱倒、粪土乱堆、柴草乱垛、畜禽乱跑"等现象的前提下，让农民呼吸到清新的空气，在良好的环境中生活。小营城子村从 2018 年开始在道路两侧栽花，雇了 5

个工人负责采花、栽花全部工作，每人每天 80 元，工资日结，全程共用了半个月的时间。对于房前屋后栽花、清理干净杂草的人家，村委检查通过后每户奖励 200 元。截至 2018 年 5 月，全村的绿化率已经达到了 50%。

4. 农村危房改造

房屋是村民安家的根本，因此保障贫困户的基本住宅安全是整治居住条件所必不可少的环节。在小营城子村的贫困建档户中，有 2 户进行了危房改造。将原房屋全部拆掉重建，新盖的房屋因属于政府统建工程，所以贫困户无须自己出资。除此之外，本村还有 2 户低保户不属于统建范围内，自己盖好房屋以后，政府给每户补贴 1.5 万元。保障了一部分困难用户的基本住房安全，增强了房屋的抗灾能力。

（二）公共设施

1. 饮水安全工程

从全国的层面来看，我国在"十二五"时期全面解决"十二五"规划 2.98 亿农村居民和 4133 万农村学校师生饮水安全问题，同步解决特殊困难地区规划外 566 万农村人口的饮水安全问题，农村集中式供水受益人口比例由 2010 年底的 58% 提高到了 2015 年底的 82%，农村自来水普及率达到 76%，供水水质明显提高。在小营城子村有规模化集中供水和分散化供水两种模式，规模化集中供水的屯只有小洋城屯一个，通过统一修建机井，铺设输水管道，已经达到 100% 自来水覆盖，每天由专职人员负责管理水井，一天集中供水一到两次。分散化供水则是每户或者两户统一打井，自己自主浇水使用。

2. 道路硬化工程

"要想富，先修路。"农村交通运输、物流快递等基础设施状况，直接关系到农民生产的商品化农产品能否顺利走向市场。因此国家层面一直都很重视交通运输等基础设施的建设，截至 2015 年底，全国农村公路通车总里程突破 397 万公里，西部地区 81% 的建制村实现道路通畅。全国乡镇通畅率为 98.6%，全国建制村通畅率为 94.25%。小营城子村 2017 年接受了国土资源局"高标准农田"的 400 万元招标项目，将农田周围连接 5 个屯的环路全部铺成了水泥路，2018 年又承接了"千亿斤粮食项目"的基本农田建设项目，基本实现了村里道路硬化率 90%，实现了通向农田的"生产路变成砂石路，田间路是水泥路"。

3. 其他

小营城子村已经实现了路灯全覆盖，并于 2010 年开始采取太阳能发电，同时利用村集体荒地建立了一所村小学，保障了村里大多数儿童的基本教育。

（三）生态环境

1. 清洁能源开发利用

就我国目前的现实情况而言，城市居民基本上实现了用电或天然气进行炊事、照明、洗浴或取暖，而在广大农村地区，特别是中西部落后地区，绝大部分居民的日常炊事还是依靠直接燃烧薪柴、秸秆、牲畜粪便等来解决。这种高耗能高污染的能源利用方式，一方面造成大量能源浪费，对生活环境产生污染，另一方面会给人们的健康带来直接的危害，对农村妇女和儿童的危害尤为严重。小营城子村目前用煤炭的农户非常少，只有不到5%的农户在烧煤炭，90%以上的农户主要用秸秆。村里并未进行清洁能源的开发使用，但是一直在改良秸秆的使用方式。2016年以前本村主要是秸秆焚烧，采取秸秆打捆直燃的方式。2016年以后开始不采取焚烧，采取秸秆统一打包送去公主岭的发电厂进行发电。但是统一打包送去发电厂的时候用的打包机对农田有损坏，所以村民就不再接受打包的方式了。2018年则采取直接翻土掩埋的方式进行秸秆处理，也就是秋翻。村里冬天大部分还都烧柴火，春夏使用煤气罐比例达90%。

2. 农村绿色发展

基础设施建设方面，2017年县文体局给予了支持，在村里建造文化广场，供村民平时健身娱乐使用。2018年4月开始建造，6月竣工。该文化广场占地1.6亩，花费10万元，文体局检查达标以后再予以拨款。据张书记描述，文化广场的修建给本村人民提供了基本的娱乐休闲、健身健体的场所，原来无处可去的村民，现在每天晚上五六点钟的时候都在此聚集起来，广场上休闲娱乐的人非常多，大人孩子十分热闹。

**三、存在的问题**

小营城子村经过近两年来的环境整治，无论是外在的生态环境，还是村民内在的精神面貌都发生了或大或小的改变，但仍然存在卫生维持效果不明显、乡风文明建设薄弱等问题，主要表现在以下几个方面：

1. 资金不足，缺乏长效保障机制

作为普惠大众的公益性项目，农村道路排水、垃圾污水处理设施等基础设施，获利渠道小，很难得到企业或个人的投资支持。同时，其管护运营仍然是以政府的财政作为主要的物质支撑。主要来自地方各级政府财政拨款的环境保护投入，资金来源渠道十分单一。一旦公共设施修建完成，之后的设备运行维护、人员绩效工资等后续成本都需要基层政府独自承担并解决，这均不被列入农村环境保护的专项支出。乡镇政府财政资金不足，使农村环境连片整治面临难以长期保证的难题，陷入了公共设施闲置、资源大量浪费的窘境，同时，管护资金长期保障机制还不健全，缺乏相应的管理人员，存在后备保障不足的困境。

2. 部分干部、群众积极性不高，认识程度不够

由于思想素养、经济状况、方式方法等方面的差异，各家各户农村生态宜居的环境整治工作整体推进还不平衡，素质好的农户房前屋后环境整治十分到位，但是仍有一部分村民对于农村环境综合整治的长远意义还存在思想认识不够的问题。同时，由于农村宣传媒介的宣传力度有限，尤其是网络使用率、信息传递程度相对城市还有较大差距，农民对环境方面相关知识以及法律法规了解十分匮乏，对环境污染对人们身体健康、生存条件的威胁和严重性缺乏认识，因此对于一些村里的整治行为参与度不高。在小营城子村就存在环境整治成为村干部"一人之责"的问题，村长被村民称为专门监督垃圾清理的"垃圾队长"，每个屯的屯长也主动挑起垃圾清扫的大梁，广大群众却成了旁观者，农民的主体作用没有发挥出来。

3. 环境整治的内驱力不足

环境差是小营城子村的历史遗留问题，从干部到村民一直以来对环境整治都没有重视，此次环境整治也是借助于政策推动的契机，整治的内驱力不足。县、镇级领导检查频率变高了，村里整治的力度也就加强了，但仍有部分村干部对农村环境综合整治工作敷衍塞责，为了应付上级的检查考核而进行临时的突击整治的现象仍然存在，对重点路段以及村委所在地等环境卫生比较重视，而对较偏僻的道路、边沟、绿化带、河道等自认为上级领导很少会顾及地方则抱着侥幸心理，降低整治要求，甚至放任自流。

**四、政策建议**

1. 整合资金发挥实效

在环保资金来源中，要靠多方力量带动，不能仅仅依靠财政拨款。以农村环境保护为主线，整合相关农业资金，吸引社会资金投入。在确保财政资金投入的同时，积极拓展融资渠道，建立市场化融资机制。动员民间资本和企业资本参与到环境整治中来，利用市场机制吸引各种社会资金参与农村环境基础设施建设。

统筹规划，安排资金，发挥资金综合效益，形成联合整治农村环境的力量。

2. 继续发挥政府在环境整治中的主导作用

作为农村生态环境建设保护的主要推动者之一，各地的政府应进一步提高对农村环境综合整治必要性和紧迫性的认识，将该项工作作为今后一个阶段内推进社会主义新农村建设的主要抓手，充分发挥推动主导作用。建立健全部门共治和协调配合机制，努力做到分工明确、通力合作。

3. 加大宣传教育的力度，发挥群众在环境整治中的根基作用

通过有效的宣传教育，有效地提高村民的环境意识和环境保护行为。认知决定行为，农民是农村环境综合整治的主要参与者，农民对于环境治理的态度受到农民自身环保意识的影响，影响农民参与村庄良好环境维护的程度和水平。为此，在全面改善农村环境的工作过程中，加强宣传教育，提高农民的环境卫生意识，调动农民参与农村环境保护的积极性和主动性。培养农民参与农村环境保护的能力将有助于长期保持农村地区的环境清洁。引导村民树立观念参与意识，也就是广泛建立保护环境的公共道德教育和环境管理的社会责任感。使绿色理念和环保意识扎根于所有农民的心底，并在实际生产和生活中时时刻刻做到重视环保问题。将其转化为每个公民的个人生活理念和生产规范。

4. 完善政府在基层环境治理上的监督机制

建立农村环境综合整治长效机制，结果和过程同样重要，应高度重视长效保障机制的建设。从县到村都要建立目标任务彻查机制，进一步加大监督检查的力度，努力做到及时监督和问责，巩固环境整治成果。将农村环境整治纳入干部的考核体系之中，进一步增强环境执法效果。

# 附录3　江苏省泰州市乔杨社区生态宜居调研报告

**摘　要：** 乔杨社区是江苏省泰州市重点发展的休闲农业生态宜居地，近年来，得益于良好的政策背景，乔杨社区的生态休闲农业得到了快速发展，给辖区内的农业经济、人居氛围、生态环境带来了重大改善。本文基于乔杨社区的实地调研，详细阐述了乔杨社区现阶段发展的基本情况，总结了社区在建设生态宜居环境过程中的具体做法，着重分析了在生态农业建设中的创新思路及在集体经

济、基础设施、领导干部队伍建设方面取得的成效，并从道路建设、村落规划、住房改造、水环境保护、文化建设5个方面为乔杨社区的发展提出了进一步的规划。

**关键词：** 生态宜居；休闲农业；现代化管理

## 一、基本情况

2018年8月6日，中国人民大学课题组一行3人对乔杨社区的生态宜居发展情况进行了细致深入的调研。乔杨社区位于江苏省泰州市高港区许庄街道，由原乔杨、联和、栾王3个自然村于2001年合并后成立乔杨村，并于2010年撤销行政村成立社区，区域面积3.78平方千米，现有居民小组23个，人口数量3062人，工业化企业46家。经过近十年的发展和规划，乔杨社区在生态、民风等建设方面取得突出成绩，先后被授予全国美丽宜居示范村庄、国家级生态村、"中国最美村镇"特色奖、江苏省三星级康居示范村、江苏省社会主义新农村建设先进村、江苏省管理民主示范村、江苏省文明社区等荣誉称号。

（一）地理环境

乔杨社区地处许庄街道银杏路南侧，由泰镇高速公路横穿，与泰州市高港工业园区相邻，地理位置优越。乔杨社区现有耕地面积共计3797亩，依托疏松肥沃的高有机质含量土壤，农作物种类较多，产量较好且质量优良，农业经济发展势头较好。

（二）气候条件

乔杨社区地处长江中下游平原，地势平坦；乔杨社区属于亚热带季风性气候，四季分明，降水丰沛，雨热同期，据当地气象部门历年观测统计，该地区年均气温14.8℃，年均相对湿度72%，年日照时数2089小时，年均降水量870.7毫米。乔杨社区地理自然资源丰富，气候条件较好，农业发展潜力较大。

（三）水文条件

乔杨社区地处长江中下游水系，据江苏省地矿厅勘察数据显示，社区地下水以30米为界，以上多为潜水，以下多为承压水，地下水资源十分丰富。乔杨社区的地下水的补给主要来自两方面，一方面是相邻区域水平方向上的径流补给，另一方面是上层的越流补给。在地势及自然条件等多方影响下，该区域的地下水自西北方向流向东南方向。

（四）社会事业

乔杨社区十分注重教育事业，现已全面落实九年义务教育，不断整合区域内的各项教育资源，截至目前，乔杨社区适龄儿童入学率已经达到100%。此外，乔杨社区十分注重党员队伍建设，现社区党总支部辖5个党支部，共有党员88人。

（五）道路建设

乔杨社区及其周边的道路多以水泥路面为主，改变了原有泥土路面的落后面貌，社区现已基本实现"村村通、路路硬"的道路建设，交通条件十分便利，在一定程度上方便了农民的日常生产生活。近几年来，乔杨社区始终将辖区内的基础设施建设摆在重要位置，不断改进完善道路、水利等各项生产生活设施建设，以道路发展引领社区各项进步步伐。

（六）垃圾处理

乔杨社区一直将垃圾处理作为改善村容村貌的重要工作。目前，社区能够做到清运处理辖区内所产生的所有垃圾，垃圾已经实现定点存放，整改了原有"乱堆乱放"的脏乱差状态。为此，社区投入了大量人力、物力、财力，现已在各居民小组定点设立76个垃圾箱，雇用专业清洁人员按规定时间清运辖区内的垃圾至指定垃圾箱，并全部进行无害化处理。乔杨社区在垃圾治理方面采用"疏堵结合"的方式，除了上述垃圾处理以外，还十分注重减少垃圾的产生。目前，乔杨社区已经完全普及卫生厕所，并大力发展太阳能装置、沼气池、秸秆液化池等清洁能源设施建设，鼓励农民的生产生活所需以清洁能源为主，在很大程度上减少了生活垃圾，减少垃圾堆放、煤炭秸秆燃烧等对大气、水等环境的污染。同时，社区在水岸、道路两侧种植绿色植物，改善区域内的水氧平衡，以达到环境质量微调节的目的。乔杨社区的垃圾处理体系较为完善，基本实现了固体废弃物的资源化、轻害化处理。

（七）绿色环保

乔杨社区将辖区绿化工作，作为多方受益的重点工作来抓。截至目前，社区在道路和水岸两侧种植了绿化带，林地覆盖率较高，土壤水分含量适中，水土状态良好。其中约种植杨树2万棵、香樟树1万棵，绿植覆盖率显著高于周边平均水平。共建设生态公园2个、小广场等休闲场所9个。

乔杨社区将绿色农业引入发展轨道，积极设立有机农产品、绿色无公害农产品等多个生产基地，农药化肥使用量明显低于周边平均使用水平。经测试，农业用地的土壤有机质含量正呈逐年上升态势，此类基地覆盖面积已达所有农业用地的一半以上，农业生产环境得到极大改善，农民满意度逐年提升。此外，乔杨社区的清洁能源普及率达到95%以上；农膜回收率达到94%以上；秸秆综合利用率达到98%以上；规模化养殖废弃物综合利用率高达100%，环保建设成效显著。

（八）水环境质量

乔杨社区位于长江中下游沿岸，农村饮用水均以长江水为主。区域内地表水丰富，具有得天独厚的水资源优势。现已实现自来水"户户通"，同时社区自建了生活污水处理站。乔杨社区多措并举解决了人畜饮用水的安全问题，社区里的污水排放设施，提高了污水处理率，从根本上解决了农村饮用水不安全的潜在因素。现社区内工业废水排放已经100%达标，生活污水处理率已达到95%以上，饮用水卫生达标率100%。

（九）经济发展水平

乔杨社区注重区域的经济发展，将农业引领的一二三产业融合模式，作为地区特色农业经济发展途径。2006年，开始组建村级绳网带龙头企业，形成营销合力，并满足家庭作坊的绳网带加工需求，带动90多户，近200人从事绳网带加工，全村300多人走南闯北推销绳网带产品，村里的"百万富翁"多了起来。

在当地政府及社区等行政机构的支持下，一批经营较好的家庭式作坊逐渐成长为规模化运营的现代企业，在遵循市场规律的前提下，按照产业集群的发展模式不断优化经营方式，将绳网带生意做大做强，逐渐成为村集体的主要经济来源之一。2008年划归高港后，社区主动融入港城发展大潮，坚持改革创新，全力推进农民集中居住、土地集中耕种、环境集中整治，初步建成了"经济强、百姓富、环境美、文明高"的乔杨新村。据统计，2017年乔杨社区集体收入586.5万元，人均收入26200元。

二、主要做法

（一）进行综合体制改革

2015年全区推进社区综合体制改革，乔杨是试点先行村。通过改革，在基层组织建设上，按照"一人多岗、一岗多责"的原则，合理调整了领导岗位、管理岗位和购买服务岗位。鼓励社区干部立足岗位，加强业务学习，参加社会工作者等各种职业资格考试，不断提高综合素质；在增强公共服务能力上，落实了社区卫生服务站、居家养老服务站和世代服务站的"三位一体"建设，进一步完善了校外辅导站建设，提升了公共文化体育服务功能。

综合体制改革，一是不断改进服务方式。通过"一站式"服务，落实为民服务全程代理制，提高信息化服务水平，提升社区公共服务管理智能化水平。二是在社区建设和治理体系上，社区党组织建设不断加强，充分发挥核心和先锋模范作用。三是社区居委会下属机构设置健全。"四民主、两公开"制度有效保障了居民的知情权、参与权、选择权、决策权和监督权。四是注重培育专业合作社和家庭农场，盘活集体"三资"，全面推行非现金结算，"三资"登记完全准确，变动及时更新，主动接受群众监督。

（二）实现村民集中居住

社区积极响应政府"拆迁安置"的政策号召，邀请高校相关专家对社区进行统一的功能区域规划，大力推进"村民集中居住、优势资源整合"的改造步伐。社区采用"拆大建小、集中安置"的思路，撤销辖区内人口较为分散、落后的聚集区域，因地制宜地设计了"中心集聚"和"移民新建"两条具体改造路径，共建设各类社区住宅房屋共计 7.95 万平方米，用以安置集中引导居住的306 户村民，累计投入资金约为 1.4 亿元，实现安置拆迁居民、置换社区土地的双重目的。乔杨社区通过此种方式，共置换建设用地 91.8 亩，为社区下一步的发展提供了一定的空间。

村民的业余文化生活成为群众集中居住后的重点关注方面。为丰富其劳作之外的业余文化生活，提高民众的幸福生活指数和文化素养水平，乔杨社区致力于建设与当地民俗传统和时代发展步伐息息相关的文化类活动项目，鼓励村民中素质较好、威望较高的人作为社区文化的带头人，通过组织艺术表演、集中研讨、收藏品作品展示等文化娱乐活动，推进农村文化阵地的开发与建设，形成社区内部的文化活动中心。

（三）土地集中耕种

集中居住势必带来交通通行距离的增加，对于长期以农业生产为主的乔杨社区村民来说，前往自家田地耕种距离较远，没有合适的地点存放农用机械等生产设备，且不能在宅基地上种植满足日常所需的蔬菜瓜果，这都给集中居住的人们带来很大不便，无形中增加了各项生活成本。针对这一现状，乔杨社区积极鼓励村民进行土地流转，将分散的一家一户的土地集中流转给种植大户、合作社和现代化农业企业，而农户只需取得固定的土地收益。

目前，乔杨社区流转的土地按照面粉 200 斤/亩/年、水稻 350 斤/亩/年的标准获得相应的农作物实物收益，并按照 0.2 亩/户的标准为村民规划蔬菜种植地，尽可能地减少村民的口粮风险和损失。社区在规划过程中，将流转土地面积的 60% 作为基本粮食生产用地，剩余 40% 的土地面积作为棚膜、绿色有机种植等现代高效农业，不断调整优化集体经济结构。截至目前，乔杨社区集中流转的土地已达到 3000 亩左右，并成立了 4 家农民专业合作社，将土地流转的村民可获得 100 元/人/年的集体经济分红，社区集体获得 70 万元/年的利润。

（四）加强环境整治

乔杨社区投入大量资金进行村容村貌建设，不断整治社区人居环境，现已建成或修缮垃圾池 122 个（其中定点清收垃圾箱 76 个）、路灯 196 盏、标志性建筑物 2 个、生态公园 2 个，粉刷彩绘了 6 万平方米的住宅墙面，改造废弃沟渠建成了 18000 平方米的水上乐园，投入高达近千万元。社区内的 2 个生态公园，分别坐落在泰镇高速公路两侧，包括 40 亩的生态公园、400 亩的银杏公园，这对当地美丽乡村的建设起到了重要的作用。整合乔杨生态园，将美丽乡村区东侧的农田实施高效观光农业，促进融合发展，借荣聚山庄走生态、观光、休闲、采摘、旅游之路。在泰镇高速以西，集中居住区内，突出和谐人居主题，改善群众居住环境，契合乡村旅游，建设民俗文化馆。初步完成了区委提出的"将孔桥街区打造成为高港及周边最生态宜居的地方"这一目标。

乔杨社区为保持建设优美的村容村貌，组建了环境护卫管理队伍，聘请两位已退休的社区书记作为队伍负责人，并配备了农用车 4 辆、三轮环卫车 9 辆，对社区进行例行巡查、管护河道、监督卫生清洁、维护修缮公共基础设施、保障社区治安、查处违章建筑等，以保证社区环境的长效维护，形成有效的管理机制。

乔杨社区不仅重视环境的整治与维持，还注重对村民生态环境意识的培养。社区设立了生态建设培训班，定期聘请高校或行政事业单位专业人员，给村民们讲解生态建设的重要性以及生态环境建设的注意事项，使村民在潜移默化中认识到创建生态文明村的重要意义，紧跟社区生态建设的步伐，做出力所能及的贡献。同时，乔杨社区将生态环境教育与"世界环境日""世界人口日""地球日"等具有纪念意义的日子相结合，通过与媒体平台的合作，广泛开展相关教育活动，将社区的美丽乡村建设成效展现给更多的民众，起到一定的示范带头作用。

（五）实行民主管理

乔杨社区在管理中严格实行民主管理制度，发挥民众的集体智慧群力群策。

2008年，社区通过村民选举的方式成立了村务监督委员会，主要负责社区项目建设过程的监督管理，具体包括财务支出的审核公开、建设流程的规范性等工作内容，并实行重大项目"一事一议"原则，及时保证民众参与到社区的民主决策中来。经调查，乔杨社区已实现班子会议常态化，于每年年初召开"两委"会议，由社区工作人员按照自己的职责范围拿出年度工作计划，并对涉及具体片、块、线的工作计划在会议上逐一讨论决定，一致通过后按部就班地实施。同时，为发挥村民的集体智慧，社区每年组织两次面向全体村民或村民代表的大会，并邀请街道纪律工作委员会相关工作人员列席，社区干部在会议上做相应述职报告，并接受民众的提问、质询、直评等，现场解决村民提出的各类诉求，将每个干部的直评分数纳入年度绩效考核评优指标之中。截至目前，乔杨社区各位领导干部的直评满意率均达到99%以上。

### 三、加强休闲农业建设

近年来，乔杨社区将附加值较高、带动作用较强的休闲农业产业作为经济发展的主攻方向，积极开发利用区域内的特色优势自然资源，打造集生产、加工、品牌、营销、技术为一体的"绿色工程"，并根据原有的农业生产区域布局情况，进行适当的产业布局优化调整，将水稻、小麦、设施农业作为重点发展的特色经济，以此为核心打造乔杨社区的生态建设，为其提供一定的经济支持。乔杨社区发展的生态农业，将农业生产、产业格局、经济运行、生态环境、农村社会发展等纳入统一发展的良性循环体系，形成良好的绿色农业生产经营格局。截至目前，乔杨社区休闲观光农业经营单位共有9家，详见表2。

表2　乔杨社区休闲观光农业经营单位名单

| 序号 | 经营单位 |
| --- | --- |
| 1 | 泰州荣聚山庄生态旅游开发有限公司 |
| 2 | 泰州市裕农粮食农业股份专业合作社 |
| 3 | 泰州市高港开心农场 |
| 4 | 泰州市高港区逸德蔬果种植专业合作社 |
| 5 | 泰州市高港区德众蔬果种植专业合作社 |
| 6 | 泰州市高港区新大地草莓种植专业合作社 |
| 7 | 泰州市春荣苗木有限公司 |
| 8 | 泰州市博易园林绿化工程有限责任公司 |
| 9 | 泰州市高港区乔杨孔雀养殖专业合作社 |

乔杨社区将农民增收作为经济发展的长效目标，注重农业综合产能的提高，将科技力量时刻融入发展进步的进程中，紧抓休闲农业产业发展建设的黄金时期，多措并举地推动当地休闲农业的发展壮大。

　　一是推广高效生态农业模式。乔杨社区水资源丰富，土壤肥沃，依托辖区内的特色自然资源，将水稻、小麦、杂粮、绿色无公害或有机蔬菜作为区域特色农产品，进行重点发展。同时，为了保证农产品质量安全，严格限制农产品产地污染源头，乔杨社区积极向生产者宣介推广化肥农药的正确使用方式，鼓励使用复合肥、有机肥等污染较小的肥料，严禁使用质量安全标准不达标的高毒、高残留类农药化肥。此外，乔杨社区十分注重农业的可持续发展，鼓励生产者发展米豆轮作等以土壤改良为重点的经济模式，发展秸秆综合利用等以环境保护为重点的资源二次回收利用模式，推广使用沼气、太阳能灯清洁能源的综合应用技术，并加大对农业生态公园等复合型产业园区的建设，将农业营地、林业用地、宅基地等农村空间资源相融合，将用养结合的集约化、规模化、一体化经营模式作为发展的主攻方向，探索立体式的生态农业经营模式。乔杨社区坚持因地制宜，通过科技的适当运用，在设施农业与休闲观光农业之间寻求最优的利益组合，建立同时满足生产、生活、生态的融合式高效生态农业产业体系。

　　二是打造无公害畜产品生产基地。畜禽养殖产生的废弃物若不加以妥善处置将对环境造成严重的污染，乔杨社区将家禽养殖引入规模化、标准化的发展轨道，大力推进无公害畜牧产品生产基地的建设进程，始终坚持以市场为导向，发挥专业养殖大户的示范带动作用，积极引导养殖行业产业协会与养殖户进行对接，为其提供畜禽养殖优化措施及各项服务举措，促使其实现规模化的可持续发展。据统计，乔杨社区畜禽行业优化改良率在近三年之内达到60%以上，并将畜禽养殖产生废弃物进行立体化应用，形成了"养殖—沼气—经果林"的生态循环模式。畜牧业的良性发展，不仅改善了当地的生态环境，还实现了良性的多方带动式经济发展，为农民增收提供了有效的途径。

　　三是加强农民专业合作经济组织建设。农业的适度规模化运作，能够提高农民群体在农业市场中的整体实力，逐渐扭转原有的弱势地位。乔杨社区在推进农业现代化、产业化进程中，将以合作共赢为宗旨的农民专业合作经济组织作为重点，以此提高当地农业产业的市场竞争力。为此，社区以当地的特色优势产业为核心组建多个专业合作社，在以土地流转、资源整合的大背景下，要求参与生产经营的农户按照统一要求、用料、流程等进行生产，以产出标准化的农产品。这一模式以农户作为"工人"、以合作社作为"车间"、以社区内部为"组织"、以上下游企业作为"链条",参照现代化工业企业运作模式,发展现代化农业产业体系,将社区产业有效衔接为一个统一的整体,有效提高农业产业的市场话语权和抗风险能力,为产业兴旺、农民增收的乡村振兴提供强有力的保障。

四是做好农业新科技的推广与运作工作。乔杨社区在进行农业产业优化升级的过程中,始终将农业科技作为提高农业产值的核心力量,重点开展农业新技术、新工具、新产品的推广运用,致力于发展高产量、高品质、高效益的农产品产销模式。为此,乔杨社区以内部的农民专业化合作组织为依托,积极联络各类农业社会化服务平台,与农业科技人员进行对接,形成理论与实践相结合的定点联结机制,不断优化完善农业社会化服务功能。据统计,截至目前,乔杨社区良种小麦种植率已达到100%,绿色无公害农作物种植面积已达到600亩,现代化农业机械的推广普及率已达到100%,各项新科技应用举措均已取得一定成效。

五是通过农村劳动力转移带动农民增收。农村土地流转进程不断深化,使越来越多的农民脱离土地,这部分劳动力的转移安置为农民增收带来机遇。乔杨社区积极引导农村剩余劳动力向务工经商、高收益的休闲农业等方向转移,鼓励开展多种形式的就业,以产业调整带动劳动力就业结构调整,实现产业模式与农民增收的双重优化。

六是提高耕地产出率。乔杨社区利用有限的土地资源尽量实现高产,积极响应国家高标准农田建设号召,持续进行基本农田保护、分阶段进行中低产田保肥改造和水利设施建设,不断引进高科技的农业机械,并将土地高产与生态维护相结合。此外,乔杨社区在进行林地改造时,多栽种速生杨树、银杏树等经济适用林,以满足道路绿化的社会需求。截至2017年底,乔杨社区已经全部完成辖区内的低产田改造,实现了人均基本农田超过1亩的既定目标;同时,乔杨社区完成了5公里的道路绿化工程建设,形成了具有特色的庄园景观,也为农家乐等休闲农业提供了美化效果。

七是建立科学的管理机制。乔杨社区将社区干部进行分工协作,成立休闲农业开发领导小组,监督、管理各类工程项目的建设进程,对出现的问题及时协调、尽快处理,并对下一步工作的开展做出明确的指导,带领社区集体共同发展当地特色经济。

八是建立完善的投资机制。在休闲农业开发小组的领导下,着重解决现代化建设过程中的资金难题。为此，乔杨社区多措并举地筹措投资开发资金，通过鼓励外资企业、现代化农业企业、有经济实力的个体经营者等群体以承包、融资、合作、独资等多种形式，参与到社区的生态农业经济建设项目中来，同时积极撬动国家财政资金、地区项目补助、社会资本等资金，不断加大对基础设施、环境监测、污染治理等重点生态项目建设的资金支持力度，辅以各项优惠政策吸引外来资本介入，调动全民投资的积极性。

九是加大科技投入力度。生态社区的建设，必然涉及引入、研发、应用各项科研成果，这就需要投入大量的人力、物力、财力。乔杨社区在生态农业建设过程中，搭建了科技推广平台、技术交流平台和信息服务平台，以网络为核心纽带，引入专家咨询为项目建设提供科技支撑，通过介入科技信息市场形成高效的科技运行体系。

十是加大宣传力度。生态农业的建设，不仅仅是土质、环境等方面的治理和改善，更是需要每一个村民参与其中，用自己的实际行动来保护前期硬性建设的成果，这就需要提高全民的生态意识。乔杨社区积极对辖区内的居民进行生态环境保护的宣传教育，通过舆论引导、广播宣传、张贴宣传标语等方式，潜移默化地提高居民的环保意识，引导民众积极参与到生态环境的建设中来，从被动的接受者转变为主动的作为者、负责任的监督者，在社区内部形成良好的环保氛围。

### 四、取得的成效

#### （一）集体经济逐渐壮大

乔杨社区位于科技创业园南侧，区位优势明显。近年来，国家和各级政府的优惠政策越发向农业领域倾斜，各项强农惠农政策的出台，为农业经济发展提供了难得的机遇。乔杨社区紧跟时代步伐，紧抓发展机遇，着眼于经济振兴与区域可持续发展，多措并举壮大了集体经济。

一是加快土地流转，增加财产性收入。针对集中居住带来的交通距离、机械存放、日常果树种植等生活不便之处，乔杨社区加快土地流转步伐，鼓励规模化种植者集中种植，使农民在获得稳定收益的同时，从土地中解放出来，谋求其他的就业途径。截至目前，乔杨社区集中耕种土地4000亩，年利润可达160万元，实现了村民个人与社区集体的互利"双赢"局面。

二是建立专业合作社，增加服务性收入。乔杨社区十分注重发展农民专业合作经济组织，以集中的规模化种植、养殖为发展契机，组建了各类合作经济组织共计9个，实施股份合作运用模式，带动辖区内居民多方劳动致富，并坐享社区集体经济分红，现已带动700多户村民年均增收1000元左右。此外，集体经济盈利空间较大，也为社区积累了一定的资金，为下一阶段的生态新农村建设提供了有效的财力保障。

三是加速工业化，增加营利性收入。海通吊索具、海天绳网吊具有限公司、明光绳索工具、鼎鑫工索具、明鑫工索具、嘉昶工索具、加泰尔装饰等一批企业快速发展，乔杨开发投资有限公司后来居上，2017年开票额累计超亿元，村级经济的不断壮大为村级基础设施建设增添了后劲。

（二）基础设施建设升级

社区集体经济创收逐年增多，给改造人居环境、为社区居民生活便利提供了强有力的财力支撑，乔杨社区将辖区内的基础设施建设作为改善民生福祉的重点方向，加大投入财力、物力、人力，加快各项社会福利事业发展。

一是加强财务管理，把有限的资金用在村级建设上。乔杨社区始终严把财务账，将民主财务管理引入日常财务收支工作之中，听取民众意见，及时公开财务收支账目，努力做到开源节流，在科学预算的基础上按部就班地开展项目建设，严格按照"双代管"的要求，把好村级财务收支关。

二是多方筹资，抓住机遇进行村级建设。近年来，社区通过多方筹资累计投入近千万元用于村庄环境整治，完成了栾王、联和的水泥道路全覆盖，建成乔杨的外环线，配合高新区建成兴园路南延工程，全面整治乱堆、乱放、乱搭，清理"牛皮癣"。重点落实长效管理，配备4辆农用车和9辆环卫三轮车，保证了垃圾日产日清。目前，全村无暴露垃圾及积存。卫生户厕无害化达标率100%，雨水排放明沟暗渠体系完善，雨水排放畅通，夏天暴雨路面无积水，生活污水处理站运行正常，生活污水有效处理，达标排放，在村内已建成3座三类水冲式公共厕所。

三是打造生态乔杨，建设生态公园、水上乐园银杏公园。为进一步改善生态环境，村通过能人捐助一点、上争一点、集体投入一点的方式，投入130多万元在乔杨集中居住区南侧建设了一个占地面积近30000平方米的生态公园，为群众提供一个开放的群众休闲娱乐场所。投入近80万元，将宁通公路北侧的取土区建设成一个水上乐园，集休闲、观光、娱乐、垂钓为一体，丰富了广大群众的业余文化生活。在建的银杏公园位于泰镇高速和京沪高速交叉点旁，是一个"湖心引领，多位一体"的综合性公园，以生态、休闲、运动、展览、娱乐为主题划分六大功能片区，分为城市广场区、儿童游乐区、中心湖区、修身疗养区、生态体验区和主题文化区，依托跃进中沟和太平中沟的自然水系，园内树木资源丰富，以水为境、以绿为景、以旷为势进行建设，打造"乔杨绿肺"。公园的建设，不仅为周边居民提供了一个环境优雅、设施齐全的休闲娱乐场所，而且有效地改善了社区环境，提升了乔杨社区的公共服务品位。

（三）班子活力增强

领导班子是乔杨社区的"领头羊"，关乎集体的发展壮大。社区将领导干部队伍的选拔与培养，作为基层组织建设的重要内容，集合领导班子的智慧，探索行业有效的党建工作方式，为社区发展建设开辟良好的发展之路。

一是拓宽思路选好引路人。领导班子的选拔关系到乔杨社区的整体发展思路，领导班子的选拔至关重要。为紧抓现代农业的时代发展机遇，必须不拘一格选人革新用人机制，选用一批懂农业、会科技、有能力、高素质的人才作为社区的"领头羊"，才能引领社区集体开创现代农业产业的新篇章，建造党组织在农村基层的坚强堡垒。

二是加强对社区班子成员的培养和教育。学习之路永无止境，肩负重任的领导班子成员更应该时刻保持学习的好习惯，将先进的理念和技术引入农村的广阔天地。为此，乔杨社区利用休息时间，组织领导班子成员参加现代远程教育网络课程，要求其每周利用2小时的时间，学习农业科技、市场行情、农业政策、成功案例等相关内容，不断提高个人的知识储备、技能和眼界学识，将理论与本地的实践发展相结合，加快社区生态建设进程。

三是探索村级自治新方式，增强村级管理能力。乔杨社区严格贯彻落实上级部门在村级管理方面的各项规章制度，做好财务、村务、资产管理等具体工作，严格执行惠农补贴等各项农业政策，在开展实际工作的过程中不断锻炼领导干部队伍的综合管理能力，以便更好地为群众服务，让群众得实惠，让群众心满意。

五、下一步规划

（一）加强道路建设

乔杨社区将在已建成的道路交通基础上，建设呈现"井"字状的道路交通联通网络。计划针对"村村通"道路和主要内干道路，全部进行水泥路面硬化工程，对出现损坏的路面及时修复，保证正常通行；针对村内普通道路，全部进行砂石、砖块铺设等硬化处理，方便民众日常生产生活。

（二）完善村落规划

乔杨社区在进行村落规划的过程中，努力做到人居环境与生态环境和谐共生的局面，旨在不破坏自然景观等原生态的情况下，引导民众集中居住。乔杨社区以维护社会和谐稳定为基础，着重治理脏、乱、差集中问题，美化社区环境，保证自然美态。

乔杨社区计划以现有道路、河岸为主轴，以新规划的"井"字状道路为经络，引导社区村民逐渐向道路沿线集中居住，形成人口相对集中的村落规划布局，以点带面推动社区整体经济发展。据调查，乔杨社区计划划拨出125亩地用于民居建设，预测可居住1600人，住宅以道路为沿线分布，每隔2米种植树木设置绿化带，并在中心位置建设服务中心、文化活动中心、商业交易中心等大型场所，建筑设计采用统一的设计风格，保证整齐划一的美观度。

（三）住房改造升级

乔杨社区针对辖区内的破旧危房进行集中改造，对厕所和厨房等生活功能区进行统一风格的规划设计，实现社区内部户户通水、通电、通宽带，提高生活便捷程度。同时，及时拆除违章建设的棚舍，引导村民规范摆放农用工具、木柴等杂物，开展绿化工程，规整村容村貌。

（四）加强水环境保护

乔杨社区将水资源作为核心财富进行保护。一方面，计划加快污水处理设施的建设进度，不断完善各项排污设施，针对居民生活污水进行集中收集、集中处理后再行排放，污水处理务必达标；另一方面，计划强化对畜禽养殖行业的粪污处理，要求养殖者必须采取干湿分离的粪便处理措施，并通过沼气池净化后，才可排放污染程度达标的废弃物。

（五）加强精神文明建设

乔杨社区计划打造和谐的社会人居氛围，在日常管理中时刻坚持以人为本的理念，建设和睦家园。下一步，社区将引入网络宣讲平台开展伦理道德教育。制定切实可行的阶段目标计划，发挥领导干部的带头作用，畅通群众民意反馈渠道，及时听取民声、集中民智、服务民生。

# 附录4　吉林市昌邑区孤店子镇大荒地村
# 生态宜居调研报告

**摘　要：** 传统农业村在建设生态宜居过程中，一方面面临村庄发展缓慢的情况，另一方面面临金融企业介入后会对村庄生态产生影响的问题。吉林市大荒地村以村企互建的方式，村庄整合当地水田后，利用规模优势吸引企业与村庄协同发展，在促进村庄经济社会发展的同时，规范企业农药、化肥的使用，促进乡村生态宜居的建设。

**关键词：** 大荒地村；村企共建；生态宜居

## 一、村庄基本情况

吉林市昌邑区孤店子镇大荒地村位于吉林市区北部 25 公里处，该村面积约为 10 平方公里，拥有 6 个自然屯、9 个村民组，全村共计人口 3900 人，920 户。大荒地村 700 公顷耕地均为水田，以种植绿色、有机水稻为主。此外，该村拥有若干农产品加工企业，目前正准备开发农业观光旅游业。

2010 年 3 月，大荒地村与东福集团实行村企合作。在村企共建下，大荒地村与企业成立了吉林地区第一家村级党委，下设 9 个党支部，现有党员 151 名。2011 年，大荒地村被定为吉林市生态农业产业化示范区。大荒地村先后荣获"全国文明村镇""全国创先争优先进基层党组织"等 20 余项殊荣。

## 二、村企互建前村庄生态宜居情况

吉林市昌邑区孤店子镇大荒地村适合种植水稻，1965 年该村便开始种植水稻，该村目前所有耕地均种植水稻。近年来，大荒地村在宜居方面出现了较大的变化。其中，大荒地村的生态宜居发展可划分为两个阶段，以村企互建的土地流转为标志①，可以将该村分为农村生态宜居粗放阶段以及生态宜居安逸阶段。其中，村企互建前该村为农村生态宜居粗放阶段。

2010年之前，大荒地村在生态宜居方面的发展较为缓慢，村民居住生活环境简陋。其中，村民日常生活垃圾无人管理、厕所形式较为原始，而该村在厨房用水、用气方面发展较好。

1. 日常垃圾无人处理

大荒地村在2010年前，无人管理村民的日常生活垃圾。该村村民主要就地处理，主要做法为在远离村庄3公里的地方寻找一处低洼地带，将生活垃圾丢之坑中。待垃圾坑填满之后，再寻找一处，以此循环。大荒地村的这种做法在当地普遍存在。

2. 原始的厕所建设

2005年之前的大荒地村村民普遍采用露天厕所。由于该村冬季温度较低，不适合使用沼气池处理粪便，导致长期以来该村村民找不到合理处理厕所垃圾的方式。2005年之后，该村村民在新盖房屋的时候，开始采用渗水井的方式处理厕所垃圾。以2005年该村乔氏村民为例，一户5人的渗水井大致需要3000元的建造成本，这在当时属于较大的投入。因此，该村村民少有使用这种方式处理厕所垃圾。整体而言，2010年前大荒地村在厕所方面没有较大的变化。

3. 厨房用水、用气发展迅速

2000年前，大荒地村村民以树木为厨房燃料。2000年后，该村建立燃气站，村民普遍采用了燃气，以此作为生活饮食的主要方式。在用气方面，大荒地村的发展领先于周边村庄。此外，该村在1986年开始使用自来水，部分居民在院落中挖了30米的水井。据当地村民介绍，该村水质较好，烧水后没有水垢，因而很少有村民在家中安置净水器。

4. 无环境污染

大荒地村发展至今并未发展工业企业，由于地理气候环境优越，大荒地村较少出现大型病虫害，农药使用也较少。因而，大荒地村在生态方面，并未出现环境污染问题。

---

① 大荒地村的土地流转开始于2010年。其中，2010年流转土地70公顷，2011年200公顷，2012年700公顷。至2012年底，大荒地村基本完成整村的土地流转。

### 三、企业发展历程

大荒地村注重发展民营企业，村内的龙头企业东福集团，现有资产11.5亿元，下属12家子公司，经营范围涉及农业、旅游业、农产品深加工、特种养殖等多个行业。吉林市东福米业有限责任公司是一家集科技研发、水稻种植、畜禽养殖、稻米加工、玉米烘干、农机服务、小额贷款、建筑商砼、生态农业旅游、生物肥研制、秸秆燃料加工于一体的国家级农业产业化龙头企业，被农业部评为"农业产业化国家重点龙头企业"，"大荒地"品牌被原国家工商总局评为"中国驰名商标"。目前，吉林市东福米业有限责任公司已初步形成了以有机米、绿色优质米种植及产品深加工为支撑，以规模化、产业化、市场化为一体的现代化农业生产、加工、销售的新格局，发展循环经济，完善农业产业链条，促进生态农业稳步发展。

（一）吉林市东福米业有限责任公司的基本情况

1. 企业经营基本情况

吉林市东福米业有限责任公司成立于2003年，注册资金2亿元，占地面积20公顷，现有资产6.6亿元。现有绿色水稻种植基地2500公顷，有机水稻种植基地500公顷。现有年加工能力20万吨的现代化生产设备，职工人数158人。资产负债率50%，银行信用等级AAA级，销售收入14977.4万元，企业利润801.5万元，主导产品有机、绿色大米，市场占有率10%左右，技术来源是自主研发。

2. 企业经营竞争优势

吉林市东福米业有限责任公司主要是对有机、绿色大米及具有东北特色的小杂粮、山珍等土特产加工、生产与销售，年生产能力3000～5000吨；辅助配套产品水稻多功能无土育苗营养基质的生产与自用。2015年10月吉林市东福米业有限责任公司被吉林省粮食局纳入企业联盟，而吉林市东福米业有限责任公司是联盟中的主导企业。此联盟包括吉林省中、东、西部7家不同大米品牌，统一冠以"吉林大米"品牌，由省政府统一向全国推介。

（二）企业的发展优势

1. 高科技优势

吉林市东福米业有限责任公司和吉林市农业科学院签订长期院企合作协议，并合作创建东福米业现代农业科技研发中心。吉林市农业科学院提供技术支撑包括技术与科技成果，吉林市东福米业有限责任公司提供技术平台进行科技成果转化合作开发。吉林市农业科学院是吉林地区唯一一家集科学研究、生产开发和国际、国内农业技术培训、农药检测为一体的综合性、公益型的农业科研单位。主要从事农作物新品种选育、新产品开发、新技术研究和新成果推广工作，担负着全面推进吉林地区社会主义新农村建设的重要任务，并为吉林市东福米业有限责任公司提供强有力的科技支撑。

2. 食品安全优势

安全、健康的绿色食品，是吉林市东福米业有限责任公司的终端产品。食品的安全控制，是吉林市东福米业有限责任公司管理与发展的关键。食品安全涉及管理、技术、环境、政策、防疫等诸多方面的问题，以及种植、养殖、加工、运输、仓储、销售等诸多环节。因此，吉林市东福米业有限责任公司以循环经济的理念、科学管理和精深加工技术为支撑，建立食品安全的控制系统。

3. 产品性能优势

优质绿色大米采用优质水稻（被国家认定为二级米以上的稻谷）精制而成，具有口感滑润，米香可口，颗粒饱满等特点，并且水稻的钙、铁、锌、蛋白质等微量元素的含量比其他水稻更加丰富，人体摄取量更为合理，可以满足人们对高质量、优质大米的需求。其中，该企业优质绿色大米整精米率≥68%，胶稠度≥79毫米，恶白率≤15%，粗蛋白含量≥6.96%，赖氨酸含量≥0.28%，并富含维生素B1、B2、B6以及钙、铁、硒等物质和微量元素，食味方面与日本优质米基本处在一个水平。

4. 产品质量优势

采取"科研+加工+基地生产+销售"一条龙的管理方式，公司从选种、田间管理、施肥、除草都严格按照有机食品规程和标准进行指导和监督，做到产品有机、健康。

5. 绿色生态环境优势

东福米业始终坚持"绿色、健康、安全"的路线，一二三产业日益壮大，经济效益进一步提高。绿色产业不断加快发展步伐，绿色生态环境正在形成，为优质绿色大米生产原料提供了环境优势。

（三）企业技术中心研究开发及试验的基础条件

目前，该公司拥有国内最大的有机水稻种植基地500公顷，绿色水稻基地2500公顷，通过流转，实现集约化经营，农产化种植，信息化管理，工业化生产，国家级全程质量溯源系统。其中试验基地 10 公顷，可进行小区试验，大面积示范推广。有 1000 多平方米的中心化验室，能够进行土壤、植物、肥料等常规物理化学分析；有常规化验分析仪器 20 多台套，生物培养箱等；有气象监测站，防雷系统；有农业科技信息化检测系统，自动化控制系统。

（四）企业技术中心的研究开发工作开展情况

吉林市东福米业有限责任公司自 2000 年成立以来，始终以科技创新为企业发展动力，重视科技，重视人才，不断加大科技、人才的投入。在公司创建初期，建立了该公司的绿色、有机水稻技术研究所，每年拿出 50 万元高薪聘请有关科技人才。包括聘请享受国务院特贴的水稻专家、高级农艺师等中、高级专业技术人员，将其组建成一支强有力的科技研发队伍。2016 年该公司在水稻研究所的基础上又与吉林市农业科学院联合组建了吉林市东福米业现代农业科技研发中心。目前，研发中心拥有一批长期从事水稻育种、植物保护、土壤肥料等专业的科研人员 30 多人，其中研究员 10 人，副研 15 人，高级工程师 3 人。院企合作从专业上、科研条件及科研成果上进一步地提高了该公司的科研实力，为该公司的发展奠定了技术基础。充分发挥技术优势，创绿色、有机大米品牌，为公司的发展奠定了坚实的基础。研发中心立足于本地得天独厚的优势，针对企业经营绿色、有机产品的特点进行深入研究。先后进行了"农作物长效专用肥的研制与开发""提高化肥利用率综合技术研究""生态环保型肥料的研制与开发""白浆土改良与培肥技术研究""有机水稻生态土壤培育综合技术与示范推广""有机、绿色水稻土测土施肥技术研究""水稻秸秆综合利用研究""有机水稻育苗营养基质的研制与开发"等省、市科委课题。每年拿出两套方案，一套方案是水稻种植方案，对种子、肥料从源头抓起，严把质量关，为当年绿色、有机水稻种植提供优质稻谷种子、有机肥料和先进的栽培技术；另一套方案是试验方案，对入选的水稻品种、肥料防治水稻病虫草害的技术进行两年的试验、鉴定、筛选，将优质、最适合的水稻品种、肥料、先进技术推荐给有机农场和绿色水稻种植农户，为今后 3~5 年水稻更新，肥料的选用以及防治水稻病虫草害综合防治提供科学依据。真正做到生产一代、开发一代、储备一代。这些品种、肥料的选用，新技术的采用，极大地提高了东福米业绿色有机产品的科技含量和产品质量。从而确立了"大荒地"品牌的特色，也确立了东福米业绿色、有机产品在同行业中的品牌地位。

此外，东福企业采用现代化加工手段，开发了 30 多个新品种，进行农副产品的深加工，提高了经济和社会效益，示范带动周围农业生产的发展。目前，该公司有处于世界领先水平的年加工能力 20 万吨的两条生产线。开发出了适合不同层次需要的高端绿色、有机新产品 30 多个，以满足不同层次人们生活水平的需求，为我国发展安全健康食品做出了表率。公司采用正规化管理，通过了 ISO14001 环境管理体系和 ISO9001 质量管理体系认证。该公司还利用现代农业的发展理念，运用设施农业、信息农业等高科技手段，构建精准农业系统，站在现代农业科技发展的前沿，推动现代农业走向智慧农业之路。公司投资 2000 万元建立了 10 万平方米的日光温室，应用信息化终端和无线传感技术，适时采集农业生产现场的光照、温度、湿度等生产的各种数据，给苗期管理提供科学依据。利用远程控制技术，控制日光温室内的各种数据，给苗期管理提供科学依据。利用远程控制技术控制温室内的设备，实现自动浇水、施肥、通风等智能化生产。设施农业、信息农业的综合利用促进了现代农业向精准农业方向发展，是生产安全、绿色、高品质水稻产品的保证。该公司是全国农产品加工示范企业，拥有集加工区、仓储区、办公区、生活区、旅游区于一体的花园式生产厂，一二三产业全面发展。占地面积 20 万平方米，拥有两条世界先进生产线，年生产、加工、仓储 20 万吨水稻。该公司科研实力比较强，科技产品占 70% 以上，是有机、绿色水稻生产发展的核心力量和坚强后盾，有力地促进了该公司经济的发展。

（五）企业技术中心信息化建设

该公司特别重视信息化建设，建立了农业信息化大厅，对水稻从育苗开始到生长发育的整个过程进行适时监控，包括工厂式育苗、机械整地、机械插秧、施用有机肥、生物防治病虫草害、人工除草、稻田养鸭、养鱼、养蟹等全过程可追溯。研发中心立足于大荒地村得天独厚的优势，针对企业经营绿色、有机产品的特点进行深入研究。先后进行了"农作物长效专用肥的研制与开发""提高化肥利用率综合技术研究""生态环保型肥料的研制与开发""白浆土改良与培肥技术研究""有机水稻生态土壤培育综合技术与示范推广""有机、绿色水稻土测土施肥技术研究""水稻秸秆综合利用研究""有机水稻育苗营养基质的研制与开发"等省、市科委课题。

随着企业不断发展壮大，东福大米在北、上、广、深等 20 多个大中城市赢得了市场的青睐。2013 年，东福米业进行升级改造，建成年产 20 万吨精米加工厂，实现当年建设当年投产。东福米业安装了世界先进的两条生产线，现代化程度相当高，几个工人就可以在控制室，操作全部生产程序。目前，东福绿色、有机、富硒大米，进入中石化易捷便利店、中国邮政、上海东方卫视电视购物、北京古船公司、天津保利公司、淘宝网天猫旗舰店等知名商超，线上线下年销售10 万吨，2017 年产值达 5.7 亿元。东福有机米在吉林省率先实现农业现代化，成为吉林省农业现代化的样板、吉林省农民实训基地，其中 2017 年接待参观、考察、学习、交流的农民近 4000 人次，并呈现上升趋势。

### 四、村企互建模式

（一）企业视角下的村企互建模式

在东福集团成立之初，就以绿色发展理念统领企业发展全局，租用国有农场做试验田，先后种植了绿色水稻、有机水稻，加工绿色、有机大米，并且在短短的几年里，成为中高端市场中的品牌产品。随着东福集团的不断发展，其水稻种植规模成为企业发展的"瓶颈"。2010 年，该企业为打破发展困境，将原有的传统农业发展为现代农业，东福企业与大荒地村进行了深入交流，并于 2010 年正式开始了村企共建。其中，首先开展的活动为土地流转。

1. 规模经营

改变传统农业的生产方式，必须把土地分散经营转变为集中经营。2010 年，东福集团与大荒地村创建了村企合一的管理模式，村委会开始谋划村企共建的发展之路，把规模化经营的成功模式，在大荒地村进行尝试。发挥村企合一的组织优势，开展适度有序的土地流转，在党委委员和村民代表发挥带头作用的引领下，用了三年时间，顺利完成了全村的土地流转，土地规模化经营取得了显著成效。2016 年，开始试行土地入股保底分红的新机制。土地流转成功实施以后，现代农业的发展进程越来越快，兴修水利设施，打造高标准农田，建设农业基础设施等项目全面启动。现已建成水稻品种繁育基地、工厂化育秧日光温室、人工影响天气作业站等现代农业设施，农业机械化服务中心配套多种机械化农机具，农业生产方式发生了深刻变化，由面朝黄土背朝天的传统农业，转变为全程机械化。种植业的规模化经营，为农业产业化发展奠定了坚实的基础。

2. 生态种植模式

东福米业有限责任公司在发展过程中，制定了"公司 + 基地 + 农户"的发展模式，全程实施机械化、现代化、生态化的发展道路，全部实施农场化、标准化的种植管理模式。目前，该公司有现代农业机械化装备 500 多套。从育苗—施肥—翻耙地—插秧—田间管理—收割—运输，全程采用机械化作业，统一标准、精耕细作、降低成本、增产增效，通过机械深松整地，改良了土壤结构，推行秸秆还田，提高了土壤有机质和肥力，促进了生态农业循环产业链健康发展。插秧、施肥、除草、收割等农事活动全部实现机械化作业。工厂化育苗、生态化种植、标准化管理、工业化加工，确保了产品质量安全。

此外，水稻育苗基质是水稻生产发展实现集约化、现代化的必备产品。2016年，该公司为了从源头上控制水稻生长环境，投资75万元买断了吉林市农业科学院研制的水稻无土育苗营养基质国家发明专利，同时又引进了这方面的专家进行深入研究与探索。此外，该公司投资100万元，建立了年产1万吨现代化水稻无土育苗基质生产厂。该公司生产的水稻育苗用的营养基质不仅满足了该公司水稻育苗生产，而且还示范带动了周边水稻种植户。水稻无土育苗营养基质的研制成功，既为培育壮苗提供了物质基础，又解决了育苗取土破坏耕地和山坡地或者无处取土的难题，具有省工省时，育苗效果好，经济效益高等特点。

3. 生态防控模式

吉林市东福米业有限责任公司依托本地资源优势，依靠科技进步，实现农业可持续发展。此外，该公司有机、绿色水稻基地，是国家质监总局、国家标准化委员会认证的生态农业示范区、绿色水稻标准化示范区。东福米业公司以生态的生产方式，使用生物农药、性诱剂防治技术取代传统农药防治病虫害，用有机肥料取代化肥，利用地下水灌溉，积极营造绿色有机水稻生长环境。开展了稻田养鸭、稻田养鱼、稻田养蟹研究技术，通过此项研究，为有机绿色水稻提供了有利的条件，鸭子除草、除虫，鱼蟹松土肥田，提升了有机、绿色水稻的安全和质量标准。该公司生产的绿色有机水稻通过了中国绿色食品发展中心、中绿华夏有机食品认证中心的认证。

（二）大荒地村视角下的村企互建

大荒地村在村"两委"的带领下，村庄经济迅速发展，村内大小民营、个体企业40余家。部分村民在耕种土地的同时，也到企业上班，增加了收入。2011年，大荒地村"两委"开始试行新型的农村土地流转。2011年1月召开了村民大会，将1300多公顷土地全部流转到村里，由村里成立农场，对土地实行集约化经营，统筹化管理，同时农场又与驻村企业进行"公司＋公司"的对接，实行产业化运营。

此外，村"两委"成立水稻种植公司，在保证农民自愿和土地经营权不变的情况下，将土地以每公顷15500元的价格，从农民手中流转过来，由种植公司与东福米业公司签订订单，采取"公司＋作业组"的方式，实现了土地的集约化管理、机械化耕作，增加了土地的利润。村民在保证得到土地正常收益的情况下，从土地中解脱出来，就近到村内民营企业上班，成为了产业工人，实现了二次收入。2015年全村经济总值12亿元，村集体资产积累400万元，人均纯收入24000元。

当地村民认为"村里这次土地集约化经营，对农民来说，非常合算"。该村民算了笔账："我有1.7公顷地，一年不种地能拿3万多块钱。签了5年合同，不仅年年春天就给钱，让我们享受一年的银行利息，每年还会随行就市，看情况涨钱。土地流转后，我没啥事了，就在5月开了这间小饭馆。现在，一个月挣个五六千不成问题。"

——大荒地村民

村里集中耕地后，成立农业种植公司实行集约化经营、公司化运作，形成了新的集体经济。同时，种植公司跟农业产业化龙头企业东福集团签订订单，集团按照每市斤高出市场价0.2~0.3元的价格收购种植公司水稻、负责提供生产全程技术服务和收割储存，并按照低于市场价10%~20%收取相关费用，过去"公司＋农户"的合作模式变为"公司＋公司"模式，形成了新的农村经济合作组织。

耕地集约化经营，彻底改变了大荒地村传统的分散生产方式，让农业规模化、标准化和机械化生产成为可能，成本下降，附加值增加，种粮效益大幅提升。村党委书记刘延东介绍："过去分散经营，农忙季节用工很贵，实施机械化可降低生产成本15%~20%；农资统一采购，又可以在价格上争取优惠；各项加起来，一公顷稻谷可降低生产成本3000元左右。而在另一头，由于实行统一供种、统一供肥、统一种植技术、统一病虫害防治、统一收购，粮食品质得到保障和提升，市场价格上去了。目前，大荒地村的'大荒地'牌大米已成品牌，市场售价达到7元左右一市斤，高出市场均价2~3倍；特优米售价更翻了几番，每公斤最高可达到100元。一降一升，种粮效益增加了，过去农民一公顷水稻平均纯收入为12000元左右，现在村种植公司可达到19000元左右，集体经济因此发展壮大起来"。

（三）村企互建的宜居效果

村党委成立以后，通过村内环境整治，使村容村貌得到了改善。2011年，配合村内土地流转工作，大荒地村开始了就地城镇化进程。2011～2013 年由村委会投资开发建设农民新居，建筑面积 22.5 万平方米，共建设 30 栋，可容纳 908 户村民入住。在 2012 年和 2013 年底，村"两委"以宅基地置换的方式，已经安排大部分村民入住。2013 年配套建设礼堂、浴池、车库、商业网点等便民设施，完善了小区的物业建设。2012 年配套建设 2 栋 120 间老年公寓住宅，可容纳 240 名老年人入住，设有一室和一室一厅两种户型，采用公寓式管理，并配套建设社区医疗中心、文化休闲中心，为老年人的休闲娱乐和医疗保健提供了便利条件。2012 年，村委会出台相关利民政策，安排有入住需求的老年人住进了老年公寓，解决了村里老人的养老问题。

1. 住房条件改善

2011 年，村里新建农民新居 7 万平方米，可容纳 600 多户。作为配套，村里接下来要建牧业小区、蔬菜小区，由集体统一耕种，按平价标准卖给村民。农民新居的费用由企业投入，按照新居与旧居 1:1 的比例为大荒地村民提供住房。

此外，村庄与企业在新居附近建立了老年公寓。规定村庄内 65 岁以上的老人，可以住进老年公寓。公寓为一室一厅式格局，需要村民自己购置家具及电器。此外，居住的村民不需要上交物业费、水费、供暖费、电费，每年只需缴纳 3000 元的房租。这样的老年公寓，村庄与企业共建设了 70 户。

2. 日常垃圾标准化处理

伴随村庄与企业发展融合，村庄土地流转后，村企共同筹建日常垃圾处理系统。如村企 2011 年开始建设垃圾站，并于 2013 年建成。垃圾站建成后，主要起到将村民垃圾集中的作用，收集后由企业组建的小区物业公司运至周边制造肥料的工厂。其中，垃圾处理费用包含在村民的物业费中，为每年每平方米 2 元。2018 年后，改为乡镇统一运输，费用不变。此外，村企正在建设有机肥厂，把垃圾中有用的废料、人畜粪便投入土地，增加地力。

3. 厕所革命

在实施村企共建后，2013 年村民集中上楼，每户安装了冲水马桶。相比之前的露天厕所而言，村民的生活质量得到了质的改变。村民厕所所产生的废物，将送到镇污水处理厂。这部分费用涵盖在小区的物业费中。

4. 冬季供暖

大荒地村以往供暖均以自给为主，村企共建村民"上楼"后，村民供暖条件得以改善。每年供暖 5 个月，每户收取费用为 25 元/平方米。此外，企业补贴 10

元/平方米，村庄及乡镇各补贴 10 元/平方米，共计补贴 30 元。该村目前有近 920 户享受供暖补贴。

企业村庄供暖中发挥着重要作用。在村企互建中，企业逐步建立起稻壳供暖设备，以取代原有的燃煤供暖模式，进而优化生态环境，减少废弃物的排出。其中，稻壳主要来自村庄内 1000 多公顷的稻壳、稻草。企业将稻草压缩成稻草颗粒便于燃烧，此外还将近 1 万吨的稻壳压缩成炭棒作为取暖原料。而企业将稻草、稻壳作为供暖材料，在燃烧后，可以将炉灰收集起来，作为硅肥和钾肥进行还田。

5. 道路硬化程度提高

1998 年前，大荒地村道路基本为砂石路。1998 年，大荒地村道路硬化工程开始启动，村庄道路开始进行水泥路的修建。其中，村庄内的主要路段均为水泥路，共计 20 公里，路宽 5 米。此部分道路硬化的费用主要来自上级拨款，村庄仅象征性付一部分。2010 年后，大荒地村实施村企互建。村庄与企业在修复原有水泥路的同时，新修建柏油马路，共计修建 8000 米长、10 米宽的柏油马路。修建的资金主要来自企业。

6. 农村发展

土地流转后，大荒地村整治出 200 公顷的宅基地，现将其中宅基地指标用于新居的建设。此外，这 200 公顷土地，在村企互建的模式下，120 公顷改良后用于水稻的种植，40 公顷用于企业的发展，剩余 40 公顷用于村企共建的温泉小镇。村庄在村企互建后，经过土地平整得到更多的土地，这部分土地用于农业生产带动农户增收。

（四）村企共建过程中的生态问题

大荒地村与吉林市东福米业有限责任公司共同发展过程中，水稻种植形成了规模效益。但在规模化生产过程中，水稻秸秆成为当地生态宜居发展过程中的难题。大荒地村的耕地全部用于种植水稻，而水稻的秸秆目前存在以下两方面处理问题。一方面，技术上难以处理。不同于玉米秸秆，水稻秸秆细长，工业化处理更为复杂，投入更高，经济效益相比玉米秸秆低。另一方面，大荒地地区水稻秸秆体量太大，当地企业无法在较短时间内消化。根据调研访谈，2017 年大荒地村水稻产量为 1.5 万斤，水稻秸秆为 1.5 万斤。大荒地村与吉林市东福米业有限责任公司针对 2017 年的水稻秸秆采取了措施，其中 30% 的秸秆进行了回填，20% 进行饲料化，剩余接近 50% 的秸秆进行了焚烧。据调研，大荒地村每年保持

1.5 万斤以上的产量，按照秸秆与水稻的产量 1∶1 的比例，每年近 0.8 万斤的秸秆进行了焚烧。燃烧秸秆虽然在一定程度上防止了病虫害，但对环境依旧存在污染。

### 五、总结

保护生态环境就是保护生产力，改善生态环境就是发展生产力。良好生态环境是最公平的公共产品，是最普惠的民生福祉。吉林市昌邑区孤店子镇大荒地村与吉林市东福米业有限责任公司在村企互建的过程中，实现了保护、改善生态环境，同时也改变了农业生产方式，改变了农村发展方式，改变了农民生活方式，促进了村庄与企业的和谐发展。

大荒地村在发展过程中，秉承生态友好型的发展理念，发展绿色有机水稻，维护了原有健康绿色的生态环境；吉林市东福米业有限责任公司在村企共建过程中，按照"产业兴旺、生态宜居、乡风文明、治理有效、生活富裕"的总要求，在农业农村现代化建设道路上，进一步提升了大荒地村的农业农村现代化建设水平，并逐步打造吉林省首个现代田园综合体。大荒地村与吉林市东福米业有限责任公司的村企互建模式，促进了当地水稻产业的一二三产业融合。村企互建将村庄的发展与企业的发展融合在一起，使一二三产业融合更为顺畅，并形成了大荒地村以现代农业为主体的产业支撑。此外，吉林市昌邑区孤店子镇大荒地村在村企共建的模型下，村民安居乐业，村内各项产业稳步发展。通过村企共建，农民成为产业工人，改变了大荒地村村民的生活方式，提升了农民生活质量，大荒地村也从新农村建设过渡到新型城镇化建设。

# 附录 5　吉林省农安县陈家店村生态宜居调研报告

　　**摘　要：** 以壮大集体经济为内因，顺应国家政策为外因，陈家店村探索出了一条值得推广的村集体发展路径，把集体经济发展与生态宜居推进有机衔接起来。在严守基本工作原则的基础上，陈家店村打出漂亮的"组合拳"，全面推进生态宜居工作落实。具体而言，陈家店村通过有效利用土地增减挂钩，以优化要素配置为抓手，大力发展与生态宜居紧密结合的新型集体经济，并着力建设服务大厅以保障治理有效。此外,本文还总结出了陈家店村推进生态宜居的三点经验:设立专门机构、提升发展理念以及注重空间规划。然而,陈家店村仍遇到了发展"瓶颈":一是产业体系与市场体系衔接不足;二是人才队伍建设亟须健全。进一步地,本文还提出了陈家店村推进生态宜居工程的未来工作规划。

**关键词:**陈家店村;集体经济;生态宜居

## 一、乡村基本概况

陈家店村位于吉林省长春市农安县合隆镇,面积为 10.96 平方公里,共计 1200 户 4000 多人,东邻 302 国道,距离长春市仅 16 公里。目前,村庄拥有耕地面积 793 公顷,林地面积 41.93 公顷,水域面积 11 公顷。2011 年实施土地增减挂钩项目,建设了嘉和社区和四期居民楼 24 栋,已有 90% 村民入住到小区。目前,社区内的基础配套设施已基本完备,绿化、亮化已基本完成,大大提高了村民的生活质量和幸福指数。根据 2016 年的数据显示,农民人均纯收入达 15500元,村集体固定资产 1 亿元。其中,农业产值和蔬菜及特色收入分别高达 2500万元和 1900 万元,而年接待游客达到 3 万人次以上,旅游年收入也高达 300 万元左右,且承接培训学员 6927 人,陈家店村实训基地品牌影响力大幅提升。

在国家、省、市、县的大力支持、指导和帮助下,陈家店村近年来不断探索和前进,大力发展新农村建设,经济和社会各项事业都取得了较好的发展,并先后荣获"全国文明村镇""全国科技示范村""全国农机合作社示范社""中国最美休闲乡村""吉林省社会主义新农村试点村"等近百项荣誉称号,2016 年 7 月初又获得"全国先进基层党组织"的称号,得到了中共中央的表彰。陈家店村"两委"根据本村的实际情况及特点,实施了关于"美丽宜居示范村"等项目建设,取得了较好成效,并先后荣获"中国最美休闲乡村""吉林省最有魅力休闲乡村""吉林省特色旅游名镇名村"等称号。

从发展历程来看,陈家店村 2005 年还是贫困村、落后村,村民人均收入仅2000 元,是农安县的老大难、烂摊子。如今,通过改革实践先行先试,陈家店全村实施土地流转,走发展股份经济、合作经济、集约经济的经济发展之路,成立农民专业合作社,创造了高达 860 多万元的年利润;同时成立"众一"农业开发集团公司,带领全村走上了集约化发展道路,被全国诸多村镇借鉴为新发展模式。

2018 年 7 月 14 日，中国人民大学课题组一行对陈家店村的生态宜居发展情况进行了细致和深入的调研，探讨陈家店村推动生态宜居发展的深层次原因，并在陈家店村发展现状和推进举措的基础上提炼出运作机制与经验总结。此外，课题组通过广泛收集文字材料、现场采访村干部与村民的方式，分析陈家店村在生态宜居发展过程中遇到的主要"瓶颈"，并进一步提出村庄未来的发展规划。

**二、实施生态宜居的深层原因**

（一）农民脱贫致富意愿是思想基础

过去，陈家店村人口众多，但经济发展落后、生活贫苦，只能依靠家庭年轻劳动力长年外出打工来维持生计。当地村干部向我们描绘了当时的生活场景："壮丁外出打工，老一辈留下种田。一旦农闲时，老一辈人也只能坐在自己老房子前发呆，最多和旁边的邻居唠唠嗑。他们希望找点事干，多挣点钱让生活过得好些，但无奈找不到渠道。"村民的脱贫致富意愿随着贫困状态的维持而越发强烈，村干部也长期思考如何实现脱贫致富这一难题。因此，村集体在通过发展一二三产业融合、推动生态宜居来壮大集体经济时，村民们参与的积极性极高，甚至在外打工的年轻人也选择了回乡工作。同时，村集体建好的宜居社区入住率高于 90%，动员工作比想象中的顺利，这也反映了村民们心底里长期积压的脱贫致富并过上宜居生活的渴望。

（二）村庄能人带领是实践基础

从陈家店村发展情况来看，没有能人带领，村民们无法意识到生态宜居是壮大集体经济、增加成员收入的有效路径。只有通过能人带领，村民们在实在的经济效益面前才使脱贫致富的愿望得以实现，才会对壮大集体经济与生态宜居齐头并进的发展模式充满信心，进而积极参与其中。在 2005 年，农安县第一个拥有清华大学 MBA 学位的高才生林青远被推选为村党支部书记。林书记由于之前有多年管理企业的实践经验，同年便创办了缓解就业问题的集体企业——砖厂，并在 4 年后基本解决就业问题、转变村庄经济发展模式，建立了吉林省众一农业开发集团有限公司，并通过采取"党委 + 公司 + 合作社"的模式，既保证了村集体拥有更充足的收入，又带动了村民脱贫增收。同时，林书记通过学习当时国家提出的新农村建设战略，意识到陈家店村的发展必须走出高污染、高耗能的传统发展模式，走可持续发展道路。为此，他带领创办的众一集团业务走多元化道路，包含提供绿化、道路服务的公司，使村庄具备生态宜居的自我与对外服务能力。此外，陈家店村在林书记的带领下，率先实施转型、敢为人先，大力整合人居环境，发展现代农业，探索三产融合，被评为"吉林省社会主义新农村试点村"，并获得了大量的国家项目补贴支持，为生态宜居实践的进一步探索提供了资金保障。

**三、推进生态宜居的基本原则与具体举措**

（一）严守工作基本原则，牢固工作基本方向

陈家店村为了确保工作的基本方向不变，制定了一系列实施美丽宜居乡村建设的工作原则，以确保村集体的工作始终在生态宜居的轨道之上，且基本工作原则可归纳为以下三点：

第一，坚持以民为本、和谐发展的原则。陈家店村把改善民生作为生态宜居建设的工作出发点，强化农民的主体地位，尊重农民的知情权、参与权、决策权和监督权，严守一事一议民主议事程序，调动农民参与生态宜居建设的积极性，让生态宜居建设成果惠及广大农民。

第二，坚持生态优先、协调发展的原则。陈家店村按照人与自然和谐发展的要求，正确认识和妥善处理美丽宜居示范村建设中各个方面、各个环节的关系，保护农村生态环境，展示农村生态特色，注重产业发展、生态保护、村容整治和民主建设协调发展。

第三，坚持规划先行、科学发展的原则。陈家店村通过全盘考虑本村的自然条件、资源禀赋等，确定生态宜居推进的目标，并且统筹编制了美丽宜居示范村建设规划。工作目标贴近实际，突出产业特色，并且注重获取实效。

（二）全面推进工作落实，打出漂亮的"组合拳"

为了促使生态宜居工程的落实，切实把陈家店村建设成为美丽宜居的乡村，村集体通过实行一系列举措，打出漂亮的"组合拳"，使陈家店村在建立完善的保洁制度下，农村生活垃圾收集率、资源化利用率、转运率达到100%。在农业生产垃圾方面，废旧地膜回收综合利用率、秸秆综合利用率、畜禽养殖废弃物综合利用率也达到了100%。不仅如此，陈家店村同时也在宜居方面推行了重要举措，大大提高了人居环境的舒适度。具体而言，陈家店村的举措主要表现为以下三大"亮点"：

1. 全面清理垃圾，建立长效运行机制

清理垃圾是美化村庄环境的关键一步，也是最困难的一环，由于涉及面广、

人口众多,实施难度相对较高。但陈家店村工作开展循序渐进,逐步完善监督机制,提供了清理垃圾方面的宝贵经验。

一是进行面上垃圾大清理。发动全村人口开展一次大型的清扫活动,彻底消除裸露在外的垃圾,包括田头地角、道路两侧、房前屋后、水渠河流等常见区域。二是抓好垃圾分类处理。在各个人口聚居区设置一个垃圾回收站,并分设40 个垃圾分类回收箱,包括易融化发酵并用于施肥的、可回收再利用的以及对环境有危害的和仅适合就地填埋的,便于高效地实施好垃圾分类处理。三是组建了一支卫生专业维护队。通过报名、推选的方式,组建了 9 人的保洁队伍,工资为每月 1500 元,同时聘用了 4 名群众威信高、办事公道正派、有责任心和事业心的老党员,负责监督工作,并雇用 11 名本村保洁员,负责垃圾的日常清扫工作。四是购买了卫生维护设备与设施。村内目前购买了 2 台垃圾清运车,以及大板车、铁锹、垃圾钳、垃圾分类桶等其他卫生设备设施。五是规划建设污水处理厂,由企业和社区产生的污水都将排放至污水处理厂进行规范处理,防止对地表及地下水的污染。

以强化监管为重点。通过完善村规民约关于卫生保洁的内容,强化村民的卫生意识,培养村民卫生习惯的形成,并开展优秀保洁员评比活动,分别给予奖惩。引导群众将垃圾运送到暂存点,以便于垃圾清运车高效工作,通过组织人力机械,统一把垃圾拉到合隆镇后进行统一处理。特别地,村集体为了能彻底清理垃圾,定期组织社区工作人员对于缺乏清理垃圾能力的特殊人员进行上门清理服务。

以长效管理为保障。村集体为了让村民能够长期自觉地参与到卫生维护的过程之中,把生产、生活垃圾都能投放在便于管理的垃圾分类箱,高度重视思想动员宣传工作。具体而言,村集体采取了发放宣传单、宣传车移动宣传以及村集体日常广播等形式,对垃圾处理工作进行长期的多角度、高密度宣传,以提高村民的思想共识。

2. 完善生活文化设施,提高公共服务供给能力

为了提高社区宜居水平,村集体加强对文化、卫生、教育三方面的投入,升级社区基础设施,同时还通过建立社区餐厅、兴办集体活动等保障社区的生活质量。主要表现在以下两方面:

一是升级科教文卫设施。在医疗方面,陈家店村已投资 50 万元建设村级卫生室,各项基本检查设备俱全,特邀合隆镇卫生院医生坐诊,做到了大病早知

道，小病不出村，方便了群众就医。全村农民合作医疗的参合率达到100%，并对59岁以上村民全额补贴合作医疗款。在教育方面，为了便于村集体成员学生接受镇里的教育，由村委出资购买一辆校车，负责接送本村学生到合隆镇学校，同时也保证了学生的出行安全。在卫生方面，陈家店村兴建了社区餐厅，极大地便利了村集体成员就餐。便民餐厅制定了严格的卫生标准，村民每日花费10元便能吃到干净、新鲜的饭菜，且60岁以上老人免成本就餐。在社区餐厅里，每天都有大量的村民就餐，这也为成员之间提供了交流的平台。

二是举办集体文化活动。为丰富村民生活，自2012年起，每年的6月6日举行大型农民文化艺术节活动，现已成功举办了六届，每届活动内容丰富、形式多样，包括歌曲、舞蹈、乐器表演等各类节目，所有节目都是由陈家店村文化大院精心编排，通过表演方式表达了村民们对家乡的热爱之情和对未来美好生活憧憬。此外，陈家店村每年为60岁老人集体举办生日宴会，每5年一大办，2016年6月6日举办了近800名老人的生日宴，盛况空前。从2015年起，对70岁以上的67名老人进行生日补助，70~79岁老人生日当天补助100元，80~89岁老人生日当天补助200元，90~99岁老人生日当天补助500元，100岁以上老人生日当天补助1000元。陈家店村对老人的关怀不仅仅激起了年轻人孝敬老人的责任心，还极大地提高了社区居民对村集体的信任度。为了确保文化活动的开展形式多元，陈家店村还建设了占地面积高达10公顷的幸福公园，拥有幸福广场、篮球场、儿童乐园、喷泉、健身广场等，满足不同类型主体的文化娱乐需求。同时，陈家店村为方便村民吃菜需要，集中规划3公顷标准菜田，由村委为报名耕种的村民免费提供农具和农家肥，解决了村民的吃菜难题。

3. 优化道路管网建设，提高基础设施建设水平

道路管网建设涉及社区的基本生活保障问题。只有基础设施水平切实得到提高，村集体推进生态宜居才能具备基础能力。

一是道路硬化工程。陈家店村在这方面已投入资金545万元，完成铺设水泥路23公里、砂石路16公里，完成了"四纵四横"路网，贯彻全村且与外界主干路紧密相连。目前为配合休闲农业与乡村旅游项目的进一步发展，正在进行新一轮的道路建设工程。计划在未来五年内将按照相应规格标准继续完善主干道和田间路的铺设。

二是管网铺设工程。陈家店村已投入资金198万元，铺设污水管网1700米；投入332万元，铺设给水网4069米；投入1583万元，铺设供热管线4148米，建

设资金全部由施工方垫付，总计2113万元。

三是绿化美化亮化工程。针对该工程，村集体已投入了550万元，绿化面积达27公顷，覆盖了主干道路两侧以及社区周边环境。其中，栽树品种主要有云杉、白桦、梧桐等。另外，村集体还投入450万元新建了一个占地面积10公顷的幸福公园，内部配置有太阳能灯23盏、亮化灯80盏、高杆灯一盏。公园植被覆盖率高，目前公园内已经种植了1700棵景观树，以及各类花卉23000多株。

**四、推进生态宜居工程的运作机制**

（一）实施土地增减挂钩，优化土地要素配置

从2011年开始，陈家店村通过实施土地增减挂钩项目，有超过90%的村民已经入住了嘉和社区。嘉和社区共建居民楼23栋，总投资2.7亿元，总建筑面积14.95万平方米。通过与原有宅基地置换，集体成员以1500元每平方米的价格便可入住功能齐全的嘉和社区，同时通过多种奖励鼓励集体成员进行土地流转。通过集体搬迁，不同功能的土地利用可以得到集中，土地要素配置效率得以大大提高。在土地置换之后，嘉和社区随着村民需求的不断增加而逐步扩建，入住率也在逐年上升。众多原来缺乏的社区功能也在逐步得以拓宽。村里一位干部感叹道："我们能力是有限的，很多工作开展需要作用于有最大回报的重点区域而不能全覆盖。通过让村民入住社区使这一目标成为可能。绿化建设、道路管道设施建设、垃圾清理、厕所改造等工作都能在这一固定区域里统一实施，极大地降低了我们的治理成本。"

（二）大力发展集体经济，转变集体成员意识

为了确保村集体工作开展有足够的资金储备，村民百姓生活更为富裕，陈家店村大力发展集体经济，建立了农安县第一家以农业类型注册的集团公司——吉林省众一农业开发集团有限公司。现下辖5家有限公司和2家合作社，5家公司分别为：长春市众一农副产品经销有限公司、长春市众一园林绿化有限公司、众一管道工程有限公司、长春市众一生产资料有限公司、长春市众一汽车租赁有限公司，可解决本村剩余劳动力400人。农资超市面积1400平方米，主要推广销售优质玉米种子、化肥、农药等农资产品；农副产品经销公司主要是对肉奶蛋、五谷杂粮、北虫草等进行深加工，通过与欧亚超市等大型商场进行农超对接，开辟农村产业基地与城镇市场直接经济对话的路子。下辖的两家合作社分别为农安县众一蔬菜种植专业合作社和农安县众一农业机械专业合作社，带动该村劳动力

就业 600 多人。可以发现，建立集团公司以及合作社有如下优越性：第一，农副产品经销、园林绿化、管道工程等公司不仅能满足陈家店村自身的生态宜居服务需求，还能为周边区域提供服务，保证良好的盈利状况，使集团公司既能长期经营，又能长期为陈家店村自身服务，保证生态宜居工作推进的可持续性。第二，集团公司和合作社为当地村民提供了大量的就业机会，消除了"没地种"后集体成员的后顾担忧。

此外，为了进一步提高集体经济的经营效率和作业效率，陈家店村通过获得政府支持，建设现代农业示范区。长春市把现代化大农业综合实验区落户在陈家店村，规划建设面积 1000 公顷，以打造新型现代农业发展模式。2016 年，核心区建设面积 100 公顷，项目建设主要包括 8 项内容。目前，陈家店村已与农业部门以及美国伊利诺伊大学签署并落地项目 5 个（高产创建良田、保护性耕作、指针式喷灌、高光效栽培技术、国际现代农业示范基地）。由于农机合作社拥有大型机械近 39 台（套），总动力 4300 马力，因此建立现代农业示范园区具备了较好的外部环境和内部条件。陈家店村正抢抓机遇，继续增加土地流转规模，优化农业产业结构，扶持优势产业，提高农产品科技含量，大力推广高光效栽培技术，打好"科技牌、安全牌"，建立现代农业示范园区。从具体效果来看，现有的 6000 平方米智能温室利用无土栽培技术种植反季蔬菜，即使在冬天也一样有春色，同时可以对 101 栋日光温室里种植的各类果蔬开展农家乐采摘活动以及乡村旅游活动。

（三）着力建设服务大厅，保障集体成员权益

在陈家店村大力推进社区建设、发展集体经济的过程，必然涉及多方主体的权益关系。为了真正保障集体成员的权益，陈家店村委既要赋予成员充分的权能又要维护其应得的利益，通过建立稳定的利益协调机制，保证村集体成员内部关系的和谐。为此，村委建立了办公面积 1600 平方米的"一站式"服务大厅，内设农家书屋、卫生室、银行、餐厅、会议室、调解室、超市以及便民服务台等，同时这也为陈家店村村民集体活动提供了场所。

**五、推进生态宜居工程的经验总结**

（一）设立专门机构，提供制度保障

一是成立专门机构，加强组织领导。为保证"美丽宜居示范村"建设行动计划的顺利实施，陈家店村成立由村党总支书记任组长，副书记和其他村委成员

为副组长，各小队长为小组成员的领导机构，负责组织实施陈家店村"美丽宜居示范村"创建计划。同时整合项目资源，加大资金投入。积极向上争取资金，整合目前该村现有项目，加大资金投入力度。

二是建立汇报制度，强化问责机制。加强对创建美丽宜居示范村计划实施的及时跟踪分析，注意收集社会各界、广大群众对计划实施的反映和意见。每年由小组成员及副组长对当年创建计划的实施情况做出客观公正、实事求是的评价，并向上汇报。着力解决实施过程中出现的问题，并适时修订计划内容，提高创建计划的针对性、时效性和科学性。

（二）提升发展理念，撬动潜在红利

一是强化发展意识，实现产业建设新突破。农业龙头产业是推动农业农村经济发展的重要力量，不仅有助于促使主导产业的兴起，还能带动农民增收致富。为此，陈家店村极力打造众一集团成为龙头企业，以龙头企业为依托，发挥子公司作用，通过大力实施农业标准化，打造满足市场需求的有机农产品，做强做大一批特色鲜明、质量稳定、信誉良好、市场占有率高的众一品牌，推进陈家店农业产业化进程、品牌化道路的发展。

二是强化服务意识，实现和谐建设新突破。陈家店村升级为陈家店社区后，成立了社区党总支部，社区居委会等。为了更好地服务村民，村委会建成便民大厅，成立村民议事厅、民调室、社区警务、社团组织等12个办公室，社区功能齐全。社区内休闲广场两侧分别设立长12米宣传栏，长廊内有社区文化、妇女维权知识、法律知识以及随时公开社区工作信息等内容，让村民在休闲、娱乐、健身的同时也能学习到文化知识，保证村民随时对社区事务的了解。

（三）注重空间规划，优化功能分布

强化统筹意识，实现城乡建设新突破。陈家店村正好位于合隆镇关于建设现代城镇社区的规划区之内，因此4平方公里的新城区建设最终落在了陈家店村八九社南部。未来，这里将建成为集居住、商贸物流等为一体的生态宜居新城区，届时陈家店将以打造成为合隆的后花园为目标。在此空间规划之下，陈家店村的区域功能得到了全盘考虑，能够与合隆镇的整体规划进行衔接，避免了功能重叠等导致效率低下的空间关系。同时，这一空间规划也能与陈家店村的社区管理模式联结起来，吸纳更多年轻人回乡就业，使过去"老人在家种田，孩子在外打工"局面得到了极大的转变。

### 六、推进生态宜居工程的发展"瓶颈"

**（一）产业体系与市场体系衔接不足**

产业结构仍有待进一步调整。陈家店村的产业布局已初步形成，但是真正拿到市场中去运作，是否能够经得起市场的冲击和考验还需等待一段时间来看。如何有效整合资源优势，科学建构产业链条，在市场上继续打出漂亮的"组合拳"是下一步产业发展的关键。目前而言，陈家店村大量投资于现代农业产业园吸引的主要是周边区域的居民，且其产业园主打的生态餐厅主要是承办结婚聚餐业务，其经营职能仍较为单一。如何使更多游客知晓这一区域并引发其前来游玩的兴趣，同时在这一基础上调整产业结构是目前主要的发展难题。

**（二）人才队伍建设亟须健全**

缺少懂经营、会管理的人才队伍。陈家店村目前已步入经济发展的关键时期，一支搭配合理、素质过硬和专业过强的人才队伍对陈家店村未来的发展起着举足轻重的作用。然而，村内工作人员身兼数职的情况时有发生，这除了会加大工作人员的工作压力，降低工作效率之外，还使工作岗位上的专业性欠缺。如何建设人才队伍，吸引专业人才，提高工作人员的专业性是目前面临的又一难题。

### 七、推进生态宜居工程的未来规划

结合省市县镇"十三五"现代农业发展规划，与党的十九大提出的乡村振兴发展战略，陈家店村正在进行新一轮的发展规划，以大力推动三产融合，优化经济结构为发展目标。目前，隆开工业园区已落户46家企业，预计未来可容纳200家企业，可见即将打造的乡村旅游项目拥有巨大的发展空间，带来的收益将不可限量，远高于现在每年吸引上万人次游客的业绩。而经济的快速发展，同时又有助于带动全体村民文化素养和文明风尚的不断提升，促使陈家店村在生态宜居建设实现了全体范围意义上的推进。

陈家店村下一步还将继续强化生态理念下的"三产融合"。在第一产业方面，促进传统农业转型升级为生态农业，采用设施农业设备，利用优质高产品种，施用有机肥，不施用或少施用无机物如农药化肥。在第二产业方面，延长农业产业链条，提升产品质量，创建品牌，促进绿色农产品加工持续稳定发展。在第三产业方面，进一步放大农业价值，拓宽农业多功能性，充分利用农业景观资源，发展生态休闲旅游，扩大农民收入的途径。

具体而言，在发展现代农业方面，陈家店村下一步旨在完善农业生产体系。

在现有的现代农业基础上，再次进行升级，全面实现农业智能化，对现有的智能温室及日光温室进行升级改造；完善冷链物流建设，实现生产、存储与物流相结合的综合性农业体系；拓宽农副产品加工生产线，增设品类，升级技术，打造完整的加工生产线；继续打造现代农业产业园，与市场需求有效对接；实施好农村实用人才带头人和大学生村官培训工作，提高参与生态宜居工作人员的综合素质。

大力发展乡村旅游，通过增设旅游服务设施、发展各色旅游品种等方式大力发展以休闲农业为主的乡村旅游项目。而在宜居方面，陈家店村的下一步规划也是希望进一步现代化、智慧化，打造出包括智能家居、车辆智能管理、清洁环卫控制等一体化的智能社区。

# 附录 6　江苏省泰州市陈家村生态宜居调研报告

**摘　要：** 陈家村是江苏省泰州市重点发展的生态宜居地，在乡村振兴战略实施的社会大背景下，陈家村发挥自身良好的区位优势，在打造美丽乡村的同时，坚持发展特色产业，在生态宜居环境建设方面取得一定成效。本文基于在陈家村的实地调研，系统总结了陈家村在建设良好人居环境过程中的具体做法，分析了以逸夏果园、泰供公司、峰茂生态园为代表的特色果园产业的发展之路，总结归纳了陈家村在社区综合体制改革、精神文明建设等方面取得的突出成效，并就下一步的发展提出简要的规划发展路径。

**关键词：** 生态宜居；果园产业；环境整治

## 一、基本情况

2018 年 8 月 6 日，中国人民大学课题组一行 3 人对陈家村的生态宜居发展情况进行了细致深入的调研。泰州市高港区白马镇陈家村，位于白马镇的最南端，南与高港区"东大门"的大泗镇相邻，西面靠近国家级中国医药城，北面邻近直通泰州高铁南站的姜高路，东面邻近泰镇高速和泗白路，东西南北各方向的交通十分便捷，地理位置较好，且地处中国人民海军诞生地和三野渡江战役指挥部旧址所在地，目前的陈家村是由初始的陈家村和相邻的前港村合并而成，总面积6.2平方公里，共有20个村民小组，960户，总人口3449人，其中党员108人，村干部14人，设党总支1个，分设老年党支部、工业党支部、"两新"组织联合党支部、土地股份合作社党支部，共计4个分支部。

陈家村全村耕地面积2980亩，其中高效农业面积2930亩，高效农业面积占耕地面积的98%。2016年村集体收入75.43万元，农民人均可支配收入21090元；2017年村集体经济收入76万元，农民人均可支配收入23010元。

陈家村先后荣获"全国文明村""江苏省文明村""江苏省森林绿化示范村""江苏省水美乡村""江苏省美丽乡村""泰州市卫生村""江苏省民主法治示范村""高港区民营经济发展先进村""高港区五星级社会治安安全村"等荣誉称号，2017年11月获评第五届全国文明村镇。

**二、主要做法**

党的十九大报告中明确提出，要按照"产业兴旺、生态宜居、乡风文明、治理有效、生活富裕"的总要求，加快推进农业农村现代化。泰州市高港区白马镇陈家村充分发挥自己良好的区位优势，坚持走可持续的农业产业发展道路，在打造美丽乡村的同时，坚持产业先行。陈家村的发展是我国近年来乡村生态宜居建设的缩影，主要做法概括如下。

（一）加强村内整治

一是解决交通不通畅的顽疾。陈家村"两委"结合许塘路两侧环境较差，逢集市经常堵塞交通，根据这一实际情况，特制订了许塘路环境整治计划、农贸市场彻底搬迁计划。农贸市场搬迁到新的经营地点，实现了有效控制、有序经营，从根本上改变了许塘路交通不畅的顽疾。

二是对村庄环境整治建立了长效管理机制。为巩固村庄环境整治的成果，招聘了14人，投入了9辆环卫自卸三轮电动车和13辆环卫车，组建了一支集保洁、绿化养护、公共设施维护于一体的专业环境综合管护队伍，并制定了相应的考核措施，落实人专门负责村庄环境长效管护工作，每天考勤，每周巡查三次并登记记录、每月考核，同时纳入年终考核，做到了村内生活垃圾日产日清。

三是加强村庄污水治理和河道整治。陈家村的村庄污水治理，主要是对居住在核心区域的农户生活污水进行有效治理，治理过程中结合了村居布局及现场勘测的实际情况，有针对性地采用了集中或分散式处理的方式，在原有的集中处理设施上进行升级改造，加铺管网，对于农户居住较为分散的地区，根据农户的户数情况增加了每天 1~3 吨的分散式污水处理设施。对于村庄的河道整治，首先将河道两侧的杂草全部进行了彻底的清理；其次是对河道进行清淤、驳岸工作；最后是进行了卓有成效的生态护坡工作，在全长 1000 米的河道两侧种植垂杨柳等树种，绿化面积达 24000 平方米。

此外，村里额外招聘 2 人为河道管护员，对村里的大小河道进行长效管护，让河道落实到人、专人管护。实行组长巡查制，河长制，对河道管护人员充分执行周考核、月考核、季考核、年考核制度。保持村内河塘整洁，保证村庄环境优美，逐步改善村庄的人居环境。

四是重视基础设施建设。陈家村不断完善本次的基础设施，先后投入的资金已超过 400 万元，先后新建了 12600 米的硬质渠道、17 座过路涵、840 米硬质渠道、16 座垃圾房、106 座垃圾池、24 组三色分类垃圾桶、改厕 800 户、实施了全村 280 盏路灯的安装工程，对全村的主干道进行了亮化。实现了村内交通由阻到畅，环境由脏到美，水环境由混浊变清澈的改变。建设了"百姓大舞台"、篮球场、文化宣传长廊、法治宣传长廊，丰富了村民的文化生活。有线电视和自来水安装实现了全村全覆盖，方便群众的生产生活。村庄面貌的更新，让老百姓出行更方便安全，住得更舒服，人居环境指数日趋攀升，新农村建设迈上了新台阶。

五是规范垃圾处理。做到分工明确，流程清晰。对于村内有害垃圾，进行预约上门服务，统一放置于指定容器，再由运输车运至固定废弃物处理企业；对于可回收垃圾，分类回收处理，按照废弃物的附加值，分类包装，村内设有指定回收场所；厨余垃圾，统一分类回收，最大限度地保护当地环境，将可再生或可利用资源有效整合。

（二）强化村级服务

近三年来，陈家村共计投入资金 700 余万元，完善村内的基础服务设施，建设了村民便民服务中心、陈家村卫生室、陈家村居家养老服务站。按照科学规划、合理布局、质量为先、规范建设、高效运行的原则把社区综合体制作为创建美好乡村新形象、营造和谐社会的重要民心工程来建设，该项工程建成后能让群众办事享受"一站式"的服务，看病在医务室直接结报，居家养老服务站正常运营，为散养"五保"、低保、残疾老人提供助餐送餐活动，极大地方便了群众，大大提高了群众的幸福感和满意度，得到了群众的认可。

为了方便陈家村村民，建设了村级便民大厅，更好地服务村民。建设的新型医疗服务站已经投入使用，更加便捷地为群众服务；建成了居家养老中心，为孤寡老人、独居老人提供了休闲、娱乐的场所。特别是"老年人助餐点"已成为全市"大走访大落实"中的推广典范，切实解决孤寡老人、残疾人、低保、"五保"等吃饭难题。"三农"信息服务有序开展，新建成了法制宣传长廊、计生宣传长廊、"百姓大舞台"丰富了村民的文化生活，为更好地宣传农村精神文明建设以及强化农村文化氛围打下了良好的基础。

（三）打造特色产业

陈家村特色产业优势明显，目前该村的支柱产业主要包括：花卉苗木、精品水果、设施蔬菜和中草药种植。其中，花卉苗木共 1450 亩，品种丰富多样，有高杆女贞、广玉兰、栾树、香樟、红枫、桂花、红叶石楠等；精品水果共 1200亩，种植或嫁接的品种包括猕猴桃、桃子、枣、梨、葡萄、西瓜等；设施蔬菜共750 亩，包括西红柿、丝瓜、毛豆、莴苣、豇豆等各类常见蔬菜；中草药共 450亩，品种有半夏、月季、瓜蒌、酸橙、麦冬、太子参、黄精、射干、紫苏等。

陈家村是泰州市首批"无粮村"，农民将土地流转，每年每亩土地可获得1300 元的土地租金，部分不外出打工的村民，选择就近就业，在村内果园或采摘园务工，获得工资性收入。依托特色产业，陈家村剩余劳动力就业问题得到有效解决，同时还培养了一批有技术工种的人才。

（四）帮扶脱贫

陈家村因户因人制宜，通过一对一结对帮扶、就业扶贫等途径帮助困难农户脱贫，为 43 户收入较低村民进行建档立卡，共计 47 人，针对村民困难程度以及家庭实际情况，有针对性地帮扶。

（五）注重发展民营经济

陈家村的小规模经济体发展较好，虽然是一家一户的小作坊形式，但随着近年来农村电子商务的兴起，销售渠道广泛，产生了良好的经济效益。陈家村将集体资产进行了有效处置，将闲置的集体房屋，租给外来的服装厂或企业，增加了村集体收入，更好地调配村集体资产，最重要的是工商资本的进入，带动了村内劳动力的就业，一些外出打工的年轻人也回到家乡，使农村焕发出了新的活力。

### 三、特色产业

陈家村着力打造产业果园，加快产业发展。

#### （一）逸夏果园

陈家村根据本村实际，着力打造本村的特色农业品牌，比较有代表性的有江苏逸夏果园有限公司，注册资本2000万元，2012年4月27日工商注册，占地1200亩，在2009年已经开始种植各类果树，经过多年发展，目前园区内已有各类成龄果树4.5万多棵，园区以"五月樱桃、六月油桃、七月水蜜桃、八月九月核桃、十月猕猴桃、十一月冬枣"而出名。逸夏果园里有200多亩的生态农场，充分利用陈家村的自然资源和自然条件，保证一年四季来果园的外地游客，都可以采摘到当季最新鲜的水果，既能提升品牌形象，又能保证果园在不同季节的赢利状况。此外，逸夏果园的经营范围也涵盖了代理各类商品及技术的进出口业务，以及生鲜食用农产品、家禽、水产、预包装食品、日用百货批发、零售的业务，扩展了果园的赢利空间。

园区积极利用微信公众平台、网络、报纸等媒体进行宣传推广，逐步形成了水果采摘、特色水果展卖、马戏表演等集观光与休闲为一体的特色果园。特别是每年的重要节假日，例如，假期时间较长的"十一""五一"中秋节等节日，吸引了很多的外地游客前来采摘，仅2017年的鲜果销售收入达1800余万元，游客接待量达10万人次。

鉴于火爆的市场需求，果园下一步建设重点将是打造采摘园，完善采摘园的配套设施，计划建成高标准综合型采摘园3个，每个园区主采摘品种达到7个以上，采摘期达到8个月以上，重点填补春节假期间的果蔬采摘。

逸夏果园将进一步打造精品采摘线路，沿线建设木质牌坊、木质凉亭，用间隙花砖铺设生态停车场，由于陈家村的生态环境较好，拟计划建设林间特色民宿，打造别样的采摘乐园，让游客亲近大自然，更真切地感受田园生活风光。

#### （二）泰供海诞现代农业发展有限公司

江苏泰供海诞现代农业发展有限公司，注册资本806万元，工商注册时间为2009年9月7日，占地750亩。园内种植的果蔬品种30~50种，一年四季都有相应的果蔬供游客采摘海诞公司目前已在市区建起15家平价直销店，13家直供超市，年销售额达3000万元。

蔬菜园正大力发展电子商务，启动电商平台与智能配送相结合的终端体系建设，形成生鲜农产品线上订单、线下配送的消费模式，打造从蔬菜生产、加工、销售到餐桌一条龙服务的全产业链，保障消费者的食品安全。积极与市区的各大医院及中小学进行合作，扩大农产品的销售范围，计划建设绿色果蔬采摘区，突出自然生态、绿色健康，实施市民"菜篮子"计划，让更多的城市居民尤其是小朋友感受乡野田园乐趣。

计划建设大型农副产品交易市场，农副产品交易市场均是以当地镇各村村民自产的蔬菜、水果、大米、土鸡鸭、土猪肉、草鸡蛋等产品资源为支撑，通过产销直通对接，达到"产销互利、优势互补、资源共通"。

蔬菜种植是陈家村农民增收的一条渠道，蔬菜基地的培育和建设，带动了村里百余名劳动力，获得了除土地地租外的工资性收入，提高了村民的可支配性收入。对于普通的村民来说，若在基地打工，一年可获得3万元的收入。

全村蔬菜面积近1000亩，基地常年出产秋葵、豌豆苗、大白菜、豇豆、西红柿、黄瓜等20多种常见蔬菜。江苏海诞蔬菜种植基地还聘请了专业的技术员，负责蔬菜种植中的田间管理、施肥打药等技术问题，该基地在市区有直销蔬菜平价店，形成了从产到销的全链条式经营，新开辟的生态采摘项目，使亩均效益翻了3倍，1亩地能够获得5000元的收益。

（三）泰州市峰茂农业生态园

泰州市峰茂农业生态园是观光休闲园的代表，占地面积365亩，企业长期和江苏省农科院专家服务工作站合作，共同研发、改善土壤质地，种植夏威夷果、碧根果、山楂、葡萄等精品水果。该生态园于2015年12月25日在工商局注册成立，注册资本金1000万元，是泰州农科所园艺示范基地，年销售额可以达到1000余万元，经营的范围包括蔬菜、果树、苗木种植，销售以及水产养殖。

目前园区分为草堂品茗区、花苗观赏区、休闲垂钓区、农家菜馆区。垂钓的战利品，可自己烹饪，也可由农庄厨房加工。定期举办书画研讨、书画展等一系列丰富多彩、群众喜闻乐见的书画活动，将乡村旅游与文化艺术紧密结合，为园区增添了更多的文化气息和内涵。园内保留着农村土锅土灶等农家自然生活状态，游客在茶园内品茶、听戏、住农家小院体验农家生活，远离都市喧闹，为久居城市的居民找寻久违的乡愁。

### 四、发展成效

（一）社区综合体制改革初见成效

自2016年起，陈家村按照区委区政府的要求部署，积极推进社区综合体制改革，村"两委"通过实地走访调查，对拟计划建设的项目进行公开招标，科学规划、合理布局陈家村的新建设施，坚持质量为先、规范建设、高效运行的原则把社区综合体制作为营造和谐社会的重要民心工程来建。其中，建设的"老年人助餐点"已打造成全市的亮点，切实解决孤寡老人、残疾人、低保、"五保"等弱势群体吃饭难的问题，让他们感受到了家庭般的温暖。

（二）精神文明建设效果显著

2017年12月初，"百姓大舞台"落成，村委邀请泰州市淮剧团、泰州海诞艺术团等前来表演，让群众在戏曲艺术中学习尊老敬老、互帮互助、邻里和睦等贤人贤事。

陈家村注重村风文明建设，积极开展与传统美德和树立村级文明新风相关的教育活动。群众自我组织修《陈氏族谱》，村委会牵头建立健身广场、文化广场、"德法同行"法制宣传长廊，使美丽乡村变得更具魅力和活力。

陈家村着力打造"文明家庭"。陈家村是一个千年古村，有浓厚的传承文化，《陈氏族谱》已经是第六次重修了，陈氏后人谨承先祖家训，并按"陈氏族人行为准则"做人做事。

在文明村创建过程中，陈家村举办"文明家庭"评选活动；"好人好事"投票；有计划地进行了一系列精神文明宣传，为申请"全国文明村"打下了坚实的基础。陈家村还对村里的村规民约，进行了修订，以下是新村规民约的全文。

咱们村，是宝地；将你我，来养育；建设好，新农村；

本条约，要牢记；爱国家，爱集体；跟党走，志不移；

务正业，谋生计；勤劳作，同富裕；多学习，守法律；

建房子，经审批；按规定，不违建；用水电，不违纪；

公家物，要爱惜；义务工，积极去；公益事，多出力；

好青年，服兵役；戍边疆，保社稷；带好头，莫迟疑；

按计划，来生育；生男女，都满意；尊章法，守规矩；

破旧俗，立新意；丧事简，进公墓；既庄重，又省钱；

敬老人，讲礼貌；对儿童，重教育；邻里间，有情谊；

讲文明，行礼义；宽待人，严律己；讲卫生，好习气；

环境美，有秩序；倒垃圾，不随意；砖草柴，摆整齐；

猪狗羊，鸡鸭鹅；此六畜，人所饲；要围养，多管理；

重安全，惜生命；危险性，要认清；财物藏，不显摆；

出租者，供场地；若知情，连带罚；自己房，要管牢；

食为天，责任重；执法严，不疏漏；违法事，不能做；

流转地，保护好；要规范，签合同；勿违建，勿抛荒；

此条约，大家立；执行好，都受益；如违反，必批评。

**五、下一步规划**

作为全省"水美乡村"创建村之一，陈家村要在水美环境美的基础上，对村庄内的河道两侧进行美化，让人居的水景观大幅度地改观，要进一步对村庄观光旅游产业进行整体布局和规划，要为村民创建更美好宜居的乡村积极努力。

陈家村部分道路亟待修复，缺乏公共停车场，健身广场和公厕均须再增加，村庄基础设施建设仍需进一步完善和提升。在乡村旅游建设方面，仍有很大的提升空间，村"两委"将其列为下一步工作重点，做好基础服务工作，最大限度地为村内企业提供便利，吸引更多的游客。

总的来说，陈家村的乡村生态宜居建设初见成效，一是各级领导十分重视，在决策上进行了长远务实的规划；二是村民参与的积极性高，都愿意为了村庄的建设贡献自己的力量，更好地保护陈家村的生态环境。但在发展的过程中，陈家村应进一步加强品牌宣传及推广力度，让更多的游客能够慕名而来，更好地发挥辐射带动作用。

# 附录7　吉林市龙潭区棋盘村生态宜居调研报告

**摘　要：**吉林市棋盘村过去是一个一穷二白的小村庄，经过近十年的发展，发展壮大了集体经济，走上了富裕之路。充分发挥区域优势，结合城乡发展实际，从村集体资产基本为零，发展到组建了横跨三大产业的棋盘集团。棋盘村实现产业兴旺的基础上,实现了生态宜居。以发展现代农业为突破口,打造了一条从种植、养殖到农产品加工,再到销售相结合的生态循环链条;探索三产融合的模式,建成了集现代农业、农产品加工、销售、餐饮服务及房地产开发、建筑于一体的综合性企业;建立现代化村民社区,重视村镇文明建设,加强村民福利补贴等。本文根据实地调研对棋盘村的发展历程、实现生态宜居主要做法等做出客观介绍,在总结经验的基础上指出其下一步的发展方向。

**关键词:**生态宜居;现代农业;棋盘村

## 一、棋盘村的基本情况

棋盘村位于吉林市化学工业循环经济示范园区北区,地处吉林市北出口,城市近郊,202国道、珲乌高速穿境而过。面积为4.8平方公里,其中,城区面积2平方公里,集体土地100公顷,自然林15公顷,辖3个社,463户,总人口1620人。主导产业为现代农业、农产品加工、销售、餐饮服务及房地产开发等。2017年,棋盘村集体经济收入达7330万元,村民人均收入20800元。

棋盘村充分发挥区域优势,结合城乡发展实际,在上级党委、政府的大力支持和帮助下,于2009年1月,成立了龙潭区第一家以村集体经济注册的房地产开发公司——吉林市江北农民新村房地产开发有限公司,成功开发建设了农民新村项目——龙新雅居,安置村民536户,并取得了可观的经济效益。2010年以来,棋盘村先后成立了建筑工程公司、物业服务公司、生态农业公司、粮油公司。2012年8月,成立棋盘集团。2013年又相继成立了酒业公司、养殖公司、餐饮服务公司、商贸公司及农业科技公司等。目前,棋盘集团拥有十余家子公司,成为集现代农业、农产品加工、销售、餐饮服务及房地产开发、建筑于一体的综合性企业。2014年被评为农业产业化市级重点龙头企业。

棋盘村曾先后荣获:2011年全国妇联基层组织建设示范村、吉林省新农村建设先进单位,2012年吉林省平安家庭示范村、2010~2012年度全省文明村镇,2013年吉林省社会主义新农村建设省级示范村,2015年第四届全国文明村镇等诸多荣誉称号。

棋盘村领导班子审时度势,以科学发展观为指导,为棋盘村的发展拟定出了新的宏伟蓝图:以发展地方特色产业为主导,稳健发展集体经济,加强生态农业产业,带动生态旅游、商贸物流服务产业发展,力争把棋盘村建设成一个"民风淳朴、团结和睦、经济繁荣、环境优美"的社会主义新农村典范。

2018年7月14日，中国人民大学课题组一行4人对棋盘村的生态宜居发展情况进行了细致和深入的调研，在总结了棋盘村生态宜居村落发展现状的基础上，发现了当地生态宜居以发展现代农业带动，实现产业兴旺为主要特点，从而进一步总结了棋盘村实现生态宜居的创新之处与经验，并且结合以上内容提出了评价与下一步发展的目标。

### 二、实现生态宜居的基础——发展集团企业、壮大集体经济

10年前，棋盘村大多数村民都以种菜为主，村里人均耕地少、收入低，村集体资产基本为零。面对落后局面，棋盘全村上下共同的期盼就是发展致富。10年后，棋盘村民全都住上了新楼房，累计500余名村民在村办企业上班，人均增收2万多元，村集体资产总值达到2个亿。10年巨变，棋盘人打赢了这场攻坚战。

2007年，新领导班子在村委会主任冯利伟的倡议下开始为棋盘村谋发展，组织外出学习，借鉴经验。2009年初，棋盘村在上级党委、政府的大力帮助下，成立了龙潭区第一家以村集体经济注册的房地产开发公司——吉林市江北农民新房地产开发有限公司。这是棋盘村第一个村级集体企业，由此开启了其发展之路。为棋盘村大力发展村集体经济奠定了坚实的经济基础。

2015年，棋盘集团以现代农业为依托，组建了吉林棋盘农业科技股份有限公司，并探索混合所有制改革模式，引入国有资本投资以及管理团队持股模式，发展新型农业经营主体。农业科技公司以发展现代农业为核心战略目标，围绕服务现代农业社会化服务、土地适度规模经营和"互联网+现代农业"进行业务扩展。

2017年，棋盘集团"现代农业+"全面扩张，重点加强线上平台建设，成立吉林棋盘网络科技股份有限公司。加强棋盘村淘宝村建设，销售突破2000万元，被阿里巴巴授予"中国淘宝村"称号，填补了吉林省内空白。打造了满祖乌拉品牌，主要依托线上销售，被吉林市政府评定为"吉林市十大农产品区域公用品牌"。

继2014年被吉林市政府评定为农业产业化市级重点龙头企业，2017年，棋盘集团被吉林省农业产业化工作领导小组评定为农业产业化省级重点龙头企业。

### 三、实现生态宜居的主要做法

(一) 发展现代农业

党的十八大以来，村党委调结构，补"短板"，推进农业供给侧结构性改革，坚持以市场需求为导向，发挥区域比较优势，发展绿色农业、品牌农业，提高粮食质量，大力发展粮食深加工，推动"粮经饲"统筹、种养加一体，在大力发展现代化农业的基础上探索出一条一二三产业深度融合的农业现代化发展新路径。

1. 土地适度规模经营

棋盘村将土地的所有权、承包权与经营权分离开来，即所有权不变，归村集体所有；承包权归村民，经营权归村集体企业。解决了一家一户分散承包经营的弊端，大大提高了生产效率，增加了农民收入。2010年，棋盘村在本村内采用土地征用的方式，也就是把承包给农民的耕地以村集体的名义收回来，再按照征地标准进行补偿，之后对这些地进行集中经营，发展村集体经济。2011年，棋盘村积极配合吉林市百万亩棚膜蔬菜产业发展规划，开发建设了棋盘生态园。

棋盘集团将现代农业作为企业未来发展的战略核心，并集中流转1000余公顷土地建设现代高标准农田，建立"产权明晰、技术领先、管理科学"的现代化农业生产示范园，被吉林市政府命名为"吉林市转变农业发展方式样板区""吉林市现代农业转型升级实验区"。

2. 农业供给侧结构性改革

随着2017年中央一号文件的发布，棋盘集团在市里的指导下积极进行种植结构调整，探索供给侧结构性改革模式。棋盘集团与泰国正大集团签署战略合作协议，在全市范围内推广落实正大饲料玉米种植基地项目，实现"粮改饲"转换。2017年与全市约100家合作社、家庭农场和种植大户共同完成约5万亩的饲料玉米种植建设，实现饲料玉米生产约5万吨，秋季以高于市场价格2~3分钱的价格销售给正大集团。

2017年，棋盘集团还拿出100公顷土地种植水稻、高粱、大豆和糜子。种植以上作物比种植玉米增收20%以上，获得了比较好的经济效益。其中，棋盘集团还重点打造生态大米产品，充分利用吉林市粳稻贡米之乡的资源环境优势，积极打造吉林大米品牌，利用互联网等创新营销模式，建立新型销售模式。

3. 探索三产融合模式

2014 年，棋盘集团被评为农业产业化市级重点龙头企业，已成为棋盘村新型农业经营的一个主体。2014 年初，棋盘集团整合市场资源，以棋盘生态园基地为依托、市场为导向，延长产业链条，发展"农业公司 + 农产品生产基地 + 农户"和"村集体企业 + 农业公司 + 农户"为主要形式的产加销一体化综合体，发挥农业公司和龙头企业的示范带动作用，发展链条经济。2014 年，棋盘集团对生态园区进行扩建，对园区周边的村民耕地采用租赁的方式，进行连片集中，建成包括智能温室及休闲观光、购物、体验等于一体的生态园区 32 公顷，目前已投入使用。

棋盘集团实行整体营销战略，以产品为中心，以市场为导向，制订整体营销方案，通过采摘体验等各种活动，将白酒、豆油、大米、肉类销售和体验园、餐厅、专营店等形成一个整体，打造出一条从种植、养殖到农产品加工再到销售相结合的生态产业链条，推动集团产业整体的发展壮大。集团公司不仅取得了可观的经济收益，同时也提高了村民的家庭收入。还因可观的收入吸纳了棋盘村大量外出打工年轻人，使劳动力"回流"，从而解决了劳动力老龄化的问题。棋盘集团通过农业企业与农户、农民合作社建立紧密的利益联结机制，实现合理分工、互利共赢。2015 年，棋盘集团被吉林省旅游局评为 AAAA 级乡村旅游经营单位。2017 年，棋盘集团被吉林省政府评定为农业产业化省级重点龙头企业。

4. 农业社会化服务体系——"现代农业综合服务中心"项目

2015 年，棋盘村坚持创新发展，以现代农业为依托，成立了吉林棋盘农业科技股份有限公司，为广大农户提供"一站式"的现代农业服务，涵盖农业规划、农资供应、农机作业服务、农业信息化服务和农业金融等"全产业链"综合服务。吉林省首家"现代农业综合服务中心"在棋盘村应运而生，致力于发展全产业链全覆盖的现代农业生产模式，打造全新的现代农业发展"棋盘模式"。

5. "现代农业 +"

棋盘商城，链接城乡。在"互联网 +"的浪潮中，坚持"现代农业 +"的棋盘村把发展目光转向电子商务领域。2016 年 3 月 5 日，棋盘集团搭建农业电子商务平台——棋盘商城，引导优质农副产品上行、种子化肥农药等农资下行，实现了城市与乡村的完美对接。

棋盘商城是棋盘集团重点打造的农业垂直电商平台，棋盘集团不仅通过这个电商平台帮助农村种养困难户推广销售农特产品，解决了优质农副产品有质量没销量的局面；还通过棋盘商城为农户提供 7×24 小时的业务咨询，随时解答农户在生产过程中遇到的各种问题。

该商城目前上架的商品种类已经达到百余种。商品的货源主要有三个渠道：第一，农资类产品均由棋盘农业科技股份有限公司供应，保证了种子、化肥的品质；第二，大米、杂粮、纯粮白酒均产自棋盘集团的种植基地，从产品的源头保证了食品的健康和安全；第三，棋盘商城还整合了吉林市许多优秀的农产品资源，如桦甸的桦牛品牌的牛肉、旺起的小鼠耳、岳桦的蜂蜜等。为做到实时优惠，秒秒新鲜，棋盘商城同邮政快递合作，进行快递配送，提供吉林市市区全地段 24 小时送货服务。截至目前商城总交易额近 800 万元。

棋盘集团通过"线上＋线下"的运营模式使集团的所有产品在市场中占有率达到最大，增强了集团品牌的综合竞争能力。在完善自身品牌的同时，整合吉林市所有的名优特产品，做大棋盘商城的品牌效应，更好地为"三农"服务。

电商孵化，网络普及。2016 年 7 月，棋盘集团在市政府以及龙潭区各级主管部门的帮助协调下，成立了我市第一家具有吉林本土特色的"吉林乌拉电子商务孵化基地"。整合吉林市名优特农产品资源统一销售，推动"大众创业、万众创新"不断向前。

阿里村淘，淘宝乡村。2016 年 12 月 2 日，在市政府和龙潭区政府推进下阿里巴巴农村淘宝事业部正式入驻棋盘集团，推进农村淘宝的建设工作。与阿里巴巴合作开展农村淘宝项目，启动棋盘满祖乌拉文化淘宝村，本土特产通过线上走向全国各地。

棋盘村在 2017 年打造 65 家淘宝店铺，年销售总额突破 2000 万元。平均每个店铺交易额 30 多万元。淘宝店铺由集团统一包装发货，统一物流配送。在店铺进货渠道方面，集团给予支持与配合。在淘宝店铺中集中打造了 15 个精品店铺，一店一品，成为"有故事，有内涵"的吉林淘宝第一村。

2017 年 12 月 6 日，在第五届中国淘宝村高峰论坛上，棋盘村淘宝村被阿里巴巴授予"中国淘宝村"称号，吉林省在此方面实现零的突破。

进军金融，助兴农业。2016 年，投资入股吉林市担保集团，成立吉林市农业担保有限公司，逐步化解农业融资难、融资贵的问题。投资了由蛟河农商银行发起设立的村镇银行——龙潭蛟银。

成立满祖乌拉公司，传承地域文化。2017 年 5 月，成立吉林满祖乌拉餐饮管理有限公司，倾情打造满祖乌拉地域文化品牌，通过经营丰富民族文化，文化包装衍生更大价值。奥运冠军李坚柔为满祖乌拉品牌代言，11 月该品牌被评为吉林市十大农产品区域公用品牌。

建设吉林市农产品展示销售中心杭州店，进军南方市场。2017 年 12 月 4 日，棋盘集团建设的吉林市农产品展示销售中心杭州店揭牌纳客，棋盘集团生产的大米、杂粮、油、酒等一系列农产品领衔吉林市十大区域公用品牌农产品进店展销，"名特优"受到热捧，这标志着棋盘集团正在加快进军南方市场。

打造吉林市生态农业特色小镇项目。2017 年，棋盘集团在龙潭区、江北乡党委和政府的领导下积极谋划新型小镇（创新创业平台）建设项目。该项目充分发挥创新创业的政策优势、江北乡的区位优势和棋盘集团的企业优势，力争将生态农业小镇建设成为集生态农产品生产、农业休闲旅游和智慧农业孵化为一体的创新型创业发展服务平台，成为龙潭区乃至吉林市有特点的农业特色小镇，为发展吉林市的现代农业、丰富市民文化生活、促进智慧农业的发展做出了重要贡献。

输出棋盘模式，开展精准扶贫。集团的快速发展形成了独特的"棋盘模式"——"六合两动"，即党建聚合、土地整合、平台组合、产业融合、文化耦合、民意契合、能人带动、创新驱动。2018 年开始，集团以精准扶贫为出发点，以整体改造为发力点，以乡村振兴为着力点，对外输出成功发展模式，现已同省级贫困村永丰村、双顶子村及北甸子村深度合作，携手共创美好未来。

成立乌拉草制品公司，满祖乌拉品牌扩军。2018 年 3 月，成立吉林棋盘乌拉草制品有限公司，满祖乌拉品牌旗下再多一核心产品。乌拉草本身特有的地域文化特征为满祖乌拉品牌注入新的文化含量。至此，棋盘集团旗下子公司达到 16 家，集群规模效应彰显。

6. 实施科学管理，完善企业结构

规范机构，明确职责。棋盘集团按照《公司法》相关规定，成立了股东会、董事会、监事会，规范了企业组织结构。同时明确各公司、各部门的经理、部长均由村三委班子成员、党员代表、村民代表担任，将公司管理与村务"四议两公开"工作法相结合，实行集体表决、集体议事制度，进一步提高了决策的民主性和科学性。

质量管理，安全发展。集团设有质检部，严格按照《食品安全法》《产品质量法》等规定，对所有生产、销售环节的质量进行管理。同时原材料进厂环节都进行检验，确保质量；定期向当地质量管理部门送检，确保产品质量安全。目前，集团已经申请无公害认证，同时正在建设二维码追溯体系，尽快通过国际ISO 质量管理体系认证。

规范流程，严格合同。无论是村里的还是集团公司的事务，但凡涉及合同协议的，都由法律顾问起草审核。制定了《合同签订程序规定》，明确了合同的谈判、起草、签字、用印、履行及归档等具体规定，责任清晰，提高经手人的责任意识，为合同很好地履行、减少纠纷奠定了基础。集团公司被吉林省工商局评为省级"守合同、重信用"单位。从此，棋盘村走上了村企共进，规范化运营管理的发展之路。

（二）发展循环农业，加强污染治理

村办企业坐拥上千公顷种植基地和养殖基地。现代化高标准农田统一规划、统一农资、统一种植、统一管理、统一收获、统一销售，在实现了"六统一"的现代农业运营方式基础上，打造了一条生态循环链条：高粱、玉米等作物酿成了美酒，大豆加工成优质豆油；加工的产物酒糟和豆饼成为养殖公司优质的饲料，在养殖过程中产生的禽畜粪便，则被加工成天然肥料，用于生态园的日照温室大棚，种植出有机瓜果蔬菜；出品的蔬菜、大米、笨榨大豆油、纯粮白酒、精品肉类、蛋类等生态产品，成为生态餐厅的主要食材，同时在各个棋盘生态产品专营店销售。

生态农业本身污染虽少，但村里并没有忽视对于污染的治理。在养殖中，修建了水泥池，便于对粪便进行回收处理；在酒厂，改原来的烧煤锅炉变为蒸汽锅炉，减少污染排放；购买粉尘机，减少粉尘污染。这些都体现了棋盘村在发展产业的过程中，重视对污染的治理，保证环保措施到位。

（三）建立现代化社区，坚持村镇文明建设

在大力发展村集体经济的同时，为改善村民居住条件，新建"龙新雅居"和"棋盘·龙凤苑"两个现代化居民小区，小区道路绿化、庭院美化率达100%，符合市规划局的标准，实现了村民人人住上楼房。乡里成立了专门的收垃圾队伍，保证了全村的公共卫生整洁。2015 年 7 月，棋盘村根据上级党委、政府的要求，开展村部社区式改造升级，建设村级便民服务大厅、多功能室、文体活动室、文化活动广场等。

优美整洁的小区环境，丰富的业余生活，让棋盘村旧貌换新颜。同年，棋盘村投入 20 万元，与奥运冠军李坚柔合作成立青少年短道速滑"棋盘队"，旨在为棋盘村培养对短道速滑项目有兴趣爱好的青少年力量，提高棋盘新生代的身体素质。棋盘村还极其重视老龄工作，切实把老龄工作纳入推动精神文明建设、构建和谐村落活动之中，把弘扬尊老敬老传统美德纳入村规民约中。棋盘村将龙新雅居一处房屋作为老年协会活动场所，截至2017年底，先后投入68万元支持老年协会开展活动。每逢父亲节、母亲节、端午节、重阳节，棋盘村都会为270余位60岁以上老人发放慰问金。2015年，棋盘村被评为第四届全国文明村镇。

（四）精准扶贫，带动乡村建设

党的十九大后，集团同九台农商行进行了两次会谈，就输出棋盘模式开展精准扶贫达成一致。九台农商行邀请棋盘加入省金融商会扶贫联盟，分别与省级贫困村永丰村和双顶子村"三位一体"携手合作，棋盘村输出发展模式进行管理，九台农商行提供资金支持，对贫困村进行整体改造。在具体运作过程中，主要做法是——"三整合、一建设、一创新"。

三整合。整合村里的自然资源。加快整合"荒山、荒沟、荒丘、荒滩"四荒地和闲置宅基地，包括田地、水源、山林等。整合村里的劳动力资源。把村里原有的经济发展能人、有劳动能力的贫困户整合在一起，通过组建新公司，发展种植、养殖、农产品加工及乌拉草等项目，为贫困户提供更多就业机会。整合村里的经济结构。在村里原有的产业或者项目的基础上，综合我们村与贫困村的可融合点，研究新项目，推动贫困村产业再提升。

一建设。联手新建扶贫产业项目。根据资源整合的情况，投资建设产业项目。同时利用棋盘村的优势，整合品牌、包装和市场销售等一系列问题。

一创新。创新项目管理方式。集团同被帮扶的省级贫困村合作成立新的农业公司。新公司负责项目的审批、建设、管理的全过程，负责申请、使用九台农商行提供的贷款。在股权分配上，棋盘村占股51%，被帮扶贫困村占股49%，董事会设立5人，其中棋盘占2席，贫困村占2席，九台农商行占1席，另由九台农商行派大学生村官任监事。这样做使三方共同建立的项目从一开始就按现代公司化要求运行，完全按市场经济规则办事。

（五）关注村民福利，提升村民幸福感

棋盘村将发展成果惠及村民，先后出台多项惠民政策，解决了村民的后顾之忧。超大优惠补贴安置售楼，村民户均拥有住房1.5套。至今，累计500余名村民在村办企业上班，成为早晚打卡、领取月薪的"上班族"，人均增收2万余元。改善了村民的福利待遇：从奖励考入高等院校的学生，到承担村民的新型农村合作医疗费用；老人达到国家规定的退休年龄，每年可到村部领取养老退休金，至2017年底，村集体为村民发放养老退休金累计约为1257万元；为解决失地农民后顾之忧，村集体为失地农民缴纳养老保险金，至2017年底累计金额约为470万元。2011～2017年，村集体为村民发放各种福利累计约4344万元。同时棋盘村还主动承担了扶贫攻坚任务，筹集了总价值为6.8万元的农资产品，为全区45个村的85名农村贫困党员每人免费提供1亩地的全套农资产品和量身定制种植方案，并送至贫困党员家中。对于购买棋盘集团农资产品的贫困党员，棋盘集团还给予低于市场价5%～10%的优惠。

**四、创新与经验总结——"棋盘模式"**

(一) 创新之处

棋盘模式是一个文化意义上的软件概念，指的是体现在全国文明村棋盘村社会经济发展过程中的进取精神及相应的行为方式。棋盘模式的意义在于它是一个乡村振兴寻求突围的成功尝试，向新时代贡献了一条独具棋盘特色的社会经济发展新路子。

党建聚合。党建引领是棋盘实现乡村振兴的根与魂，"发展壮大集体经济、实现村民共同富裕"的终极追求达成聚合效应——人人俱谋发展，发展普惠人人，不求一人巨富，但求家家小康。组织架构实行网格化管理，突出党委元素，实行"党委＋支部＋无职党员"的立体化模式。组织生活实现智慧化，运用多媒体、无纸化办公，设立公众号、微信群，创新学习活动形式。打造新型服务平台，利用网络技术综合打造，村民的意见与建议随时向村党委反映，并能得到及时回应。将公司管理与村务"四议两公开"工作法相结合，实行集体表决、集体议事制度，进一步提高决策的科学性和民主性。

土地整合。棋盘的事业起步与快速发展，最大的支撑在于土地整合。2010年，棋盘村党委高屋建瓴地提出发展现代农业，对村里土地实行"三权分置"，即所有权归村集体，承包权归村民，经营权归村集体企业。党的十九大报告提出在全国推广这个经验，棋盘领先于此整整8年。至今为止，棋盘村共流转了千余公顷土地，为现代农业发展搭建了更大的舞台，丰富了村集体增收渠道，增加了农户收入，实现了共同富裕。村集体企业棋盘集团更是乘势而上，迅速发展壮大，2017年被吉林省政府评定为农业产业化省级重点龙头企业。

平台组合。开展农村淘宝项目，启动棋盘满族乌拉文化淘宝村，本土特产通过线上走向全国各地。线下建立电商孵化基地，整合吉林市名优特农产品资源统一销售。成立了农业担保公司，化解农业融资难、融资贵的问题，提供资金保障。进行厂商联合，共建本土名特优航母舰队，联手对外拓展更大市场空间。

产业融合。一二三产业的高度融合在棋盘村形成了闭合循环经济，拥有强大的可持续发展能力，打造出一条从种植、养殖到农产品加工，再到销售相结合的生态循环链条。通过采摘、观光游等方式带动餐饮、果蔬及各种产品的销售。公司之间配套，相互呼应，形成了一点带线、以线成面的集群效应，推动棋盘事业实现跨越式发展。

文化耦合。将党建文化、企业文化、品牌文化、农业文化完美融合，连接形成综合文化。打造省农村党建五星级村党组织，严格秉承党的精神纲领，实事求是，不断进取。建立农业产业化省级重点龙头企业棋盘生态农业集团，以"诚信、创新、和谐、共赢"作为其核心企业文化。奥运冠军李坚柔倾情推介的吉林市农产品十大区域公用品牌"满祖乌拉"代表的则是专属棋盘的品牌文化。适度规模发展的现代农业则展现的是农业文化，将各个文化的精神细片连接在一起，形成了棋盘特色的文化形式。

民意契合。棋盘村在发展的过程中始终坚持成果由村民共享，契合了广大民意。在各项项目中优先考虑村民，真正为村民谋福祉。一方面吸纳村民就业，带领村民增收；另一方面加大对村民的各项福利补贴，如购房补贴，每户每人可补贴1.2万元。面对老龄化严重，定期为老人发放补贴，解决老人的养老问题。建立新型社区，为村民建立干净良好的生活环境；积极组织村镇文明建设活动，搭建活动中心，文化广场，丰富村民业余生活。

能人带动。棋盘十年巨变离不开能人带动，吉林省最美基层干部冯利伟树立的正是能人形象，现任棋盘村党委书记、村主任，棋盘集团董事长兼总经理。带头成了新的领导班子，抓住机遇，开拓了一项项事业。实现村集体经济从零到2亿元的飞跃；推行土地三权分置，规模发展现代农业；建设农业集团，打造生态循环链条；多路进军，多头破解"三农"难题；等等。被评为"吉林省劳动模范""吉林省杰出青年""吉林省农村青年致富带头人""吉林市十大杰出青年""吉林市杰出青年企业家""吉林市优秀共产党员标兵"。

创新驱动。创新为企业发展提供了不竭动力，引领棋盘迈向一座又一座高峰。纵览棋盘十年发展历程，正是不断创新的过程。以房地产公司起步，成立龙潭区第一家以村集体经济注册的房地产开发公司；相继成立16个子公司；引入国有资本投资以及管理团队持股模式，发展新型农业经营主体；积极利用"互联网+"的发展趋势，打造现代化新型农业，不断发展完善产业链，大大提高了效率。

（二）经验总结

能人带动，敢为人先。棋盘村的领导班子在面对村集体资产为零的困境下，积极寻找发展之路，敢于创新，敢于担当，为村民切实干实事，赢得了民心。村党委书记冯利伟不计较个人得失，不害怕犯错，秉承为农民做实事的理念，带领村民走向了发展之路。

盲目复制只会造成铺张浪费。棋盘村地处城郊，土地面积有限，根据其实际情况及优势，积极转型为现代农业发展方式。一方面积极采纳上级建议，另一方面始终坚持实事求是，因地制宜，探索真正适合棋盘村的发展方式。

积极推行"三权分置"，通过土地流转将土地集中连片，是发展现代农业的基础。解决了一家一户分散承包经营的弊端，大大提高了生产效率，利于推进现代化农机发展，降低种植成本。摒弃粗放式种地方式，坚持科学用地，逐步向"精细化"发展。

生态循环发展，优化环境。棋盘村以现代化生态农业为主，打造了一条从种植、养殖到农产品加工，再到销售相结合的生态循环链条。

五、简评

从上述报告可以认为，棋盘村在实现产业兴旺，壮大集体经济的基础上，实现了生态宜居。具体来说，就是发展现代农业，重视污染治理；建立卫生整洁的现代化村民社区，重视村镇文明建设；加强村民福利补贴，提升幸福感。

关于下一步发展。由于目前种植、养殖发展仍以经验积累为主，缺少相关技术人才。在继续推动生态农业发展的同时，重视人才与科技，加大科技研发投入，大力吸纳专业技术人才，向精细化迈进；此外，稳固现有企业，进行淘汰整合，提高集群效率，提升品牌效应。继续开展精准扶贫，对贫困村给予帮扶，积极承担社会责任。加强与外来公司合作，谋求更多发展。继续完善各项福利补贴，让村民真正住得放心，过得幸福。

# 附录 8 福建省建瓯市湖头村生态宜居调研报告

**摘 要：**湖头村是国家级"美丽乡村"创建试点村、南平市"四星级美丽乡村"，也是国家 3A 级旅游景区、福建省乡村旅游特色村。湖头村的美丽乡村建设有自然生态好、田园风光美、人文历史厚和产业发展强的特点。本文在分析了湖头村的美丽乡村建设的特色和优势的基础上，总结了湖头村美丽乡村建设过程中的基本做法，具体包括：建立健全组织机构、完善基础设施、强化规范管理和村庄形象建设。对湖头村美丽乡村建设的经验进行了总结：规划推动为引领、产业带动是引擎、整治推动是措施、党建促动是保障。

**关键词：**生态宜居；美丽乡村

福建省建瓯市湖头村是国家级"美丽乡村"创建试点村、南平市"四星级美丽乡村"，也是国家 3A 级旅游景区、福建省乡村旅游特色村。为了深入了解湖头村美丽乡村建设的情况，2018 年 7 月 23 日，中国人民大学课题组一行四人对湖头村的生态宜居发展情况进行了细致和深入的调研，探讨湖头村推动生态宜居发展的深层次原因，并在湖头村发展现状和推进举措的基础上提炼出运作机制与经验总结。此外，课题组通过广泛收集文字材料、现场采访村干部与村民的方式，分析湖头村在生态宜居发展过程中遇到的主要"瓶颈"问题，并进一步提出村庄未来的发展规划。

## 一、湖头村的基本情况

湖头村位于福建省建瓯市小松镇南部，土地总面积 16.28 平方公里，下辖 8 个自然村，863 户，3287 人。距离建瓯市区 13 公里，离建瓯高铁站 15 公里，毗邻 818 县道（原 205 国道），清澈见底的小松溪穿境而过，拥有优越的区位条件和得天独厚的自然与人文旅游资源。湖头村先后投入 1500 余万元，完成全村总体规划、村庄立面改造、安全生态水系建设、水土保持生态村建设等项目，实现了"绿化、美化、文化、亮化、香化"。湖头村 2013 年被确定为国家级"美丽乡村"创建试点村，2014 年被评为南平市"四星级美丽乡村"，2015 年被确定为国家3A级旅游景区、福建省乡村旅游特色村。目前,湖头村正围绕创建国家4A级旅游景区和南平市五星级美丽乡村目标,依托湖头村的自然生态、田园风光、人文历史、现代农业这四张名片,全力打造"望得见山、看得见水、记得住乡愁"的养生、休憩、娱乐胜地。

自然生态好是湖头村实现美丽乡村的首要优势。湖头村的小松溪是湖头村的"后花园"。小松溪湖头段沿线拥有200亩种类丰富、绿树成荫的自然湿地。建松绿道沿河边湿地穿境而过,让人可以在蝉鸣鸟叫声中肆意呼吸新鲜空气,观赏沿途风光。村内300年以上树木10棵,其中千年香樟两棵,村内绿化率达80%,充分体现了人与自然和谐相处的"生态美"。

田园风光美是湖头村实现美丽乡村的实践形式。湖头村绚丽的景观色彩和季节变化,增添了整个村落的色彩。绿色的山峦、多姿多彩的植被、玲珑秀美的古民居、古朴传统的庙宇等不同类型资源,人文景观与自然景观交错搭配,构成一幅美丽的山乡画卷。景区以优美的小松溪滨水地和清幽娴雅的古民居为观赏主体,与休闲漫道、小桥流水共同构造了景区主题,打造了一个"宜居、宜游、宜赏"的美丽乡村典范。美丽的田园风光是湖头村实现美丽乡村的实践形式。

人文历史厚为湖头村实现美丽乡村提供了文化内涵。湖头村文化渊源深厚,拥有古民居群、关帝庙、庆兴堂、天主教堂遗址、菊尾木桥、陈田石拱桥、陈田谢氏宗祠、湖头林场、瑞相寺、松元庙、青龙坝、陈田后门山战国青铜剑遗址等文化沉淀,底蕴厚重、魅力独特。湖头村的建筑文化以闽北古朴的建筑风格为基础,巧妙地融合苏、徽、晋三大建筑派系风格,具有丰富的文化内涵。"藏金亭""景墙窗花""君子壁""闽派山墙""五福临门""八瓣莲花"、十二座风格各异的门头等古朴典雅又精巧华丽的建筑景观述说着当年的故事。关帝、太保、土主、三宝佛等体现了佛道信仰的融合。厚重的人文历史为湖头村实现美丽乡村提供了文化内涵。

产业发展强为湖头村实现美丽乡村提供了经济基础。湖头村大力发展新型农业经营主体,依托土地集中流转、培育农业种植大户、成立果蔬专业合作社、引进龙头企业等形式,全力发展现代休闲观光农业。现已建成"百果园"130亩的、"农业公园"1000余亩、标准化钢构大棚150亩、蓝莓无花果种植基地50亩、葡萄采摘园150亩、瓜果长廊500米、传统农业种植示范点3处,建立了以农业促旅游、以旅游养农业的互动机制。良好的产业发展,为村庄实现美丽乡村提供了经济基础。

**二、湖头村美丽乡村建设过程中的基本做法**

（一）建立健全组织机构

湖头村两委会班子高度重视创建工作，围绕吃、住、行、游、购、娱发展以旅游业为龙头的第三产业，拓展农业与旅游业的结合点，实现"创建"和村集体、农民增收等多赢，按照创建工作要求，村两委会将创建工作提上重要议事日程，成立了由村书记为组长，村两委会干部为成员的创建乡村旅游特色村工作领导机构，使创建工作真正落到了实处。为确保创建工作顺利进行，在上级部门的指导下，湖头村两委班子对创建工作中的每一项工作都进行了分工，并落实到专人，并采取了四定措施，即定负责人、定任务、定标准、定时间，扎实开展创建工作。小组成员还定期召开会议，及时解决创建工作中的问题和困难，确保了创建工作有序、到位、高效地进行。

（二）实现产业兴旺

立足农业基础好、交通便利、山清水秀等资源和区位优势，湖头村抓牢传统产业，因地制宜调整农业产业结构，重点发展果蔬种植，采取"公司＋合作社＋农户"的生产管理模式，成立福兴果蔬专业合作社，农户以资金、土地入股经营，设立基地666亩，吸收113户农户参与合作经营，合作社为成员统一购苗、统一培训、统一销售。大力发展休闲观光农业，着力打造"美丽乡村"，发展乡村旅游，带动全村185户农户增收396万元，村集体通过盘活集体资产，发展乡村旅游，每年增收21万元。建立红提、蓝莓、草莓、西瓜、小西红柿等观光采摘园5个，成立"农家旅游协会"，党员带头兴办农家乐，将农家乐经营户发展为会员，定期开展接待礼仪、餐饮、食品安全等培训，引导其从塑造自身形象出发，加大餐饮硬、软件改造，提升对外形象和接待档次。建立以农业养旅游、以旅游促农业的互动机制，带动村民人均年纯收入以10%以上的速度增长。为了打造特色村旅游项目，湖头村建成了农家乐吃、住、行（自行车）、采摘乐、烧烤、垂钓、赏荷花、瓜果长廊游、购物等十多种休闲观光活动，着力建设生态湖头，旅游湖头，给游客创造优美的旅游环境。

（三）完善基础设施

基础设施建设是旅游业发展的基础，是美丽乡村发展的前提。小松镇不断投入大量的资金，用于湖头村基础设施的建设、改造和维护。投入200多万元，完成学校、桥梁、道路等基础设施建设；投入130多万元建成"民建湖头文化活动中心"和"农民公园",极大地改善了群众农闲时的文化娱乐生活。新建了游客接待中心、果蔬交易市场等一批基础设施,安装了 33 盏太阳能路灯,村容村貌焕然一新。科学合理规划,聘请福州大学建筑学院制定全村总体规划,发动全体村民参与到打造旅游点工作上来。依托小松溪、古香樟树等自然元素,结合旧村古民居建筑风格,挖掘"太保"文化底蕴,抓好古民居、古门头、土主庙、藏金亭等主体修复工程,新建太保门、榜眼门、朝日亭等景观点,对景区道路、景点、农家乐等统一做了标识和说明牌等。结合"福建广电高清电视云平台"的特点,打造"美丽湖头"智慧平台。同时在村委会、小学、幼儿园、公园及村主要道路共 7 个点安装高清视频监控。完成 118 幢的新村点建设和生态湿地公园、漫步道、骑行道等项目建设,绿化村庄面积 3000 多平方米。美化村庄环境,开展"六清六改"保洁行动,建立雨污分离处理系统,定点设置垃圾桶、垃圾焚烧炉,组建保洁队伍,配备专职卫生清洁员,建立卫生整治保洁长效机制,打造"宜居、宜业、宜游、宜赏"的美丽乡村。

（四）强化规范管理

为了提高管理水平,小松镇高度重视,积极推行"168"农村党建工作模式和"六要"群众工作法,结合"三级联动、重心下移"活动,创新村两委为民服务"三个一"制度。出台了《游客接待中心管理制度》《导游服务管理制度》《治安管理制度》《卫生公约》等制度,加强内部管理。同时在景区设立了公开的咨询点和投诉点,确保游客的合理权益不受损害,极大地促进了旅游业的规范经营。成立一支由 5 名成员组成的导游讲解队,对旅游点景区内的景点进行细致的讲解,实行微笑服务等;在卫生所配备必需药品,及时救护伤、病游客,确保游客游览安全。这一系列举措,不仅提高了旅游点综合管理水平,有效维护了景区整洁、优美、文明、有序的旅游环境,也使游客满意而归,进一步树立了湖头村乡村旅游的品牌形象。2015 年 2 月 7~8 日成功举办了"首届'生态小松—美丽湖头'美食暨旅游文化节",进一步提升了湖头村的知名度。2015 年 7 月 4 日,由省体育局和农业厅主办的"青运百村行"在湖头村拉开帷幕。"争采葡萄""浑水摸鱼""巧挖芋头""三人骑行"等比赛项目,吸引了小松镇 16 个村（场）的农民参加。通过各项活动的开展,引导广大村民积极、主动、全面地参与美丽乡村的建设和管理维护,强化村民自治作用。

（五）重视村庄形象建设

从改善和保障民生着眼,加强村容村貌整治。深入推进"六清六改""家园清洁"行动，建起了垃圾焚烧炉，在主要居民集中点合理布局80多个环保垃圾桶，修建垃圾池20处，实现垃圾定人定期定点处理；建立健全保洁长效机制，新建集中洗衣点两处，洗衣池32个。结合"两违"整治工作和新村房前屋后绿化工作，着手针对新村60个洗衣池、33个蓄水池进行拆除并绿化。召开村民小组长会议，讨论通过《环境卫生整治工作方案》；聘请了专职保洁员4名，并在充分征求村民意见、尊重村群众意愿的基础上，按照每户60元的标准收取保洁费，加强了环境卫生治理经费保障，有效改善了农民的居住环境。聘请专家设计夜景工程，在游客接待中心以及主景区安装了夜景灯，点亮湖头的夜空，延长了游玩时间。依托小松溪、古香樟树等自然元素，结合旧村古民居建筑风格，完成湖头村农民公园建设，总面积达3000多平方米。

目前，湖头村水清、路平、灯明、树绿，房前屋后有花草，村旁有公园，笔直的水泥路上不见一片纸屑、一个烟头，生活污水实现了净化排放。在建设基础设施的同时注重文化氛围营造，建设农家书屋一个，绘制文化墙多处，在潜移默化中培养村民文明习惯，提升村民文明素质，真正实现了"净化、绿化、美化、文化、亮化、香化"。

### 三、湖头村美丽乡村建设的经验总结

建设"美丽乡村"，是改善农村生活环境，提升农民生活质量的重要体现，也是生态文明建设的重要内容。

#### （一）规划推动为引领

一是规划高起点。坚持规划先行，邀请福州大学建筑学院对村庄进行总体的规划设计，明确湖头村发展定位，形成了以农业产业为主导，以生态为特色，以乡村旅游为目标的农村建设发展思路。二是建设高标准。按照新村建设总体规划，总面积48亩，新建农民住房118幢的新村点建设完成。同时，依托小松溪、名木古树等自然元素，结合旧村古民居建筑风格，推进湖头农民公园建设，立面改造，以及雨污分流等12个项目建设。由于规划科学、布局合理，不仅遏制了农村"两违"建筑现象，而且美化了村庄。三是设施求品位。累计投入300多万元，完成学校、桥梁、道路等基础设施建设，实施了村庄绿化美化，建成"民建湖头文化活动中心"和"农民公园"，极大地改善群众农闲时的文化娱乐生活，推动村容村貌整治上新台阶。

（二）产业带动是引擎

生产发展，生活富裕，是新农村建设的重要内容。没有产业的发展，没有富裕的生活，"美丽乡村"建设就没有基础。一是大力发展特色经济。积极推广"菜—稻—菜"或"菜—菜—菜"的粮经轮作模式，形成了具有一定区域规模的特色农业经济。为方便村民蔬菜交易，积极发挥农民专业合作社的作用，重修扩建了占地面积达540平方米的福兴果蔬交易市场，使之成为集党员电教、村民生产、生活于一体的综合平台。二是大力发展乡村旅游。以发展现代休闲观光农业为目标，通过土地集中流转，培育农业种植大户、农民专业合作社等新型农业生产经营主体，并引进农业龙头企业翠松公司，形成"公司＋合作社＋农户"的生产管理模式，为"美丽乡村"建设提供了强有力的产业保证。

（三）整治推动是措施

从改善和保障民生着眼，加强村容村貌整治，努力把农村建设成环境优美的村庄环境。一是清理生活垃圾。深入推进"六清六改""家园清洁"行动，建起了垃圾焚烧炉，在主要居民集中点合理布局环保垃圾桶，修建垃圾池，实现垃圾定人定期定点处理；建立健全保洁长效机制。通过《环境卫生整治工作方案》，聘请了专职保洁员4名，并在充分征求村民意见、尊重村群众意愿的基础上，按照每户60元的标准收取保洁费，加强了环境卫生治理经费保障，有效改善了农民的居住环境。二是整治环境卫生。每年春节、"五四"青年节、"七一"建党节等节日期间，通过组织村民义务投工投劳以及团员青年、农村党员义务劳动，组织开展清理卫生死角、整理河塘沟渠、清除露天粪厕，整治乱堆乱放、排放生活污水等，加强村庄环境卫生综合整治，不断改善农民生活环境质量。三是完善基础设施。积极开展"绿秀庭院""美丽家园"等活动，加快道路硬化、路灯亮化、沟渠净化、环境美化，完善村庄基础设施，村庄交通排水畅通，村容村貌更加洁净有序。

（四）党建促动是保障

当前，农村社会发生了很大的变化，传统的管理手段、方法和机制，已经不能完全适应农村社会实际。所以，我们在创新方法、完善机制上下功夫，从加强基层党建切入，提高农村社会治理水平。一是加强农村党的建设。建设"美丽乡村"，必须由一个坚强的基层党组织作保障。因此，湖头村从健全完善机制着手，加强基层党组织建设，筑牢战斗堡垒。一方面，建立健全党务村务管理制度，全面施行"党员（代表）提案、党员（代表）民主议事会议、党内（村务）重大情况通报"三项民主制度，以党内民主带动管理民主。另一方面，积极推行"168"农村党建工作模式和"六要"群众工作法，结合"三级联动、重心下移"活动，创新村两委为民服务"三个一"制度，即一日一值班、一周一集中、一月一沟通，村两委成员严格按照值班安排签到值班，负责处理当天事务，并把"三个一"工作与年终绩效考核挂钩，确保村级工作常态化。二是加强农村民主建设。村两委的工作，最重要、最关键的是办事要公开。为此，我们始终坚持"六要"群众工作法，村中大小事情，都根据实际情况，召开"两委会"或村民代表大会、党员群众大会讨论决定；对于群众关心的热点焦点，都通过村务公开栏、会议通报等形式，多渠道向群众通报，让群众知根知底，心中有数，在参与过程中理解、支持村两委的工作。三是加强农村文明创建。深入开展文明村庄、"好婆婆""好媳妇""好妯娌""十星级文明户"等创建活动，扎实推进家庭美德、职业道德和社会公德建设，不断提高村民的道德修养和文明素质，提升农村整体文明水平。同时，建立村民约法制度，召开党员代表大会、村民代表大会，讨论通过了《小松镇湖头村村民约法手册》，选举产生了由 10 名村民组成的"村民约法理事会"，聘请在群众中具有较强影响力的退休老干部担任理事长，把村里要做的事，转变为群众自己要做的事，促进村民自治。

# 附录9　江苏省泰兴市黄桥镇祁巷村生态宜居调研报告

**摘　要**：江苏省泰州市泰兴市黄桥镇祁巷村，曾经是黄桥老区里最穷的村之一，经过十几年的发展，祁巷村明晰发展思路、确保领导队伍建设、提供全面推进保障，先是发展起高效规模农业，再在高效规模农业的基础上逐步发展乡村旅游业，形成祁巷村两大特色支柱产业。创造农民增收致富就业机会，富民强村；营造绿色生态田园风光，居住舒适；塑造文明和谐乡风氛围，综合素质提高，从而逐步建立起生态宜居村落。

**关键词**：高效规模农业；乡村旅游；生态宜居

## 一、基本情况

黄桥镇是千年古镇和红色重镇，总面积176平方公里，总人口23万。黄桥镇是国家新型城镇化综合试点镇、国家建制镇示范试点镇、江苏省经济发达镇行政管理体制改革试点镇。曾获得"中国提琴产业之都""中国历史文化名镇""国家级生态镇""全国文明镇""全国特色小镇""全国特色景观旅游名镇"等16个国家级荣誉称号。

祁巷村隶属黄桥镇，由祁巷、周堡、丁庄、东小坞四个自然村合并而成，新334省道穿境而过。现有村民小组25个，共1428户，常住人口5516人。高效规模农业、猪鬃加工、培训拓展和乡村旅游现为本村四大支柱产业。2017年，祁巷村集体经营性收入248万元，村民人均可支配收入达22120元。

祁巷村将总体目标设定为"村庄美、生态优、集体强、产业特、农民富、乡风好"，并根据整体目标，一一付诸实践。整合农业资源，依托当地传统农业种植基础，发展高效规模农业，发展"合作社＋农户"模式，建成五个千亩农业基地，多家农业合作社；发展区域特色，做强做大当地特色香荷芋种植和猪鬃加工；打造乡村旅游，创建小南湖乡村旅游品牌，推出"乡村旅游＋中小学生实践拓展"新模式；营造良好居住环境，保持乡村淳朴田园特色，完善基础设施和社会公共服务，生活舒适、环境优美。曾获得"全国文明村""全国生态文化村""全国一村一品示范村""中国美丽乡村"等20多个省级以上的荣誉称号。

祁巷村两委领导班子审时度势，在上级两委、政府的正确领导、支持与关怀下，以科学发展观为指导，坚持各项党的方针、政策，坚持发挥党员模范带头作用，紧紧围绕"生态绿色富民强村"的理念，推进"五位一体"建设，正确设立发展目标、思路，科学规划、实施，建设美丽乡村，促进农业供给侧结构性改革，促进农村发展，提高农民生活水平；按照乡村振兴战略总体要求，抓住江苏省特色田园乡村建设机遇，依托祁巷村现阶段发展优势，反思总结历史经验教训，紧盯新目标、完善发展规划、提高治理能力和服务水平，进一步推进美丽乡村建设和新农村建设，打造更加美丽富强的祁巷村。

**二、生态宜居村落发展现状**

（一）经济建设宜居情况

2017年，祁巷村集体经济总收入866万元，村民人均可支配收入达22120元/年，超过全镇平均水平2600元。

目前已经建成五个千亩基地——千亩粮食基地、千亩花卉苗木基地、千亩香荷芋基地、千亩蔬菜水果基地和千亩水产养殖基地。精特发展800亩小杂粮基地，200 亩玫瑰园基地。招商引资 20 余家单位入驻祁巷村，打造"金辰牌"和"祁巷牌"。带动 150 多户农户加入猪鬃加工产业，建立猪鬃加工产业区。建立农业专业合作社 12 个。

2017 年，接待游客 20 万人次，其中，学生培训拓展 6 万人次；年旅游收入约为 2000 万元，农产品销售收入约为 1000 万元。乡村旅游项目分四大类近 40 个项。建设完成小南湖风景区，建成祁巷禅寺、湖畔美食广场、田园木屋 8 座。举办"中国泰州第二届芋头集暨泰兴第二届乡村文化旅游美食节""相约小南湖大型灯会""小南湖首届牡丹节暨美食文化旅游节""中国泰兴黄桥双人大鱼赛"等丰富多彩的大型活动。2017 年，成功举办乡村旅游嘉年华活动，吸引业内 200 多名嘉宾莅临指导。

祁巷村获"全国文明村""全国一村一品示范村""中国美丽乡村""江苏最美乡村""泰州市十强村""全国休闲农业与乡村旅游五星级企业""全国休闲渔业示范基地""中国特色八大碗""江苏名宴"等荣誉称号。2017 年，祁巷村纳入江苏省第一批特色田园乡村试点、第二批省五星级乡村旅游点创建单位。

（二）社会文化宜居情况

全村完成建设和改造项目 7 个——天然气工程、小杂粮种植区土地整改、村卫生室功能完善、组织生活馆、湖畔美食广场、佛教文化工程和小杂粮种植园，正在实施项目 15 个——道路升级、河道整治、景区内民宿完善等，加紧推进的工程有 7 个。9 条河道绿化完成招标，新增千亿斤粮食产能规划田间工程祁巷项目区进入祁巷村。完成 23 户拆迁，拆违、拆乱、拆破 65 处，移除草堆 328 处，清理乱堆乱放杂物及垃圾 730 处。养老中心、邻里食堂、社会民宿产业等正在建设中。建立道德风尚讲堂，成立乡刊，建立农民文化艺术团，成立乡贤理事会，弘扬中华传统美德，将文明春风吹满祁巷村的大街小巷，丰富村民精神文化生活，提高村民的精神文明水平。

经过十几年的努力，现在的祁巷村已经实现产业兴旺、生态宜居、乡风文明、治理有效和生活富裕，并紧紧围绕乡村振兴战略，不断反思总结，以便更好地建设生态绿色、富民强村的美好家园。

### 三、生态宜居村落发展保障

（一）完善规划蓝图

祁巷村的成功来源于长远规划与细致规划的巧妙结合，既有大的方向、战略，又有细致的推进措施，促进村庄一步步实现突破发展。

2001 年，祁巷村还是一穷二白，是黄桥镇有名的贫困村、落后村。其地理位置偏僻，没有进村的水泥路，各项基础设施以及社会公共服务项目落后；村民大多以传统农作物种植为生，少数村民从事零散的猪鬃加工，规模小、基础差、抵御风险能力差；全村经济条件一般，矛盾纠纷不断，负债高达 280 万元，各项工作勉强开展。

2006 年开始，祁巷村新任两委会领导班子决定不再安于现状，反思总结制约本村发展的因素，寻找突破口，设定新的发展目标、理念、思路与规划。学习先进地区的发展理念与方法，组织相关人员先后到江阴、常熟等苏南地区参观学习；将先进理念与自身情况相结合，总结适合自身的发展之路；发挥党员模范带头作用，用试点试验的真实效果来说服村民。两委会领导班子集资 100 万元，流转土地 120 亩，带头种植蔬菜、葡萄和甜豌豆等并取得了丰收。

2008 年，丁雪其任职祁巷村党委书记，带头流转 600 亩土地，进行为期一年的试验，发展高效规模农业。村民看到实效，纷纷参与到高效规模农业建设中来，全村现已流转土地近 4000 亩。实现了当地的金辰农业科技有限公司与苏州、南京以及安徽和台湾等地客商的合作，为当地高效规模农业的发展注入高质量资金，逐步发展了葡萄种植、韭菜种植、草莓种植以及桃园、花卉苗木、养猪场、养鹅场、水产养殖场和农家乐等项目。利用小额扶贫贷款兴办农业合作社，采用"合作社 + 农户"的新模式。

2012 年，泰兴市历史特色农产品香荷芋受到市场青睐，销售价格一路走高。村两委带领群众积极发展这一优势农产品，整合农业资源，形成 2000 亩香荷芋种植基地，将客商引进来，让香荷芋"走出去"，打造祁巷村香荷芋品牌。

2012 年，祁巷村被评为全市新农村建设示范村，并进一步推进农业供给侧结构性改革，推广"公司 + 农户"经营模式，整合全村 142 户农户资源，带动其进行猪鬃加工的规模化、专业化生产。

2013 年，村两委意在进一步提高村民生活质量，改善村民生活环境，形成了"高效农业上规模、打造环境美家园、乡村旅游带人气、建立基地创效益、提升文化上品位"的发展思路。全村积极完善道路建设、乡村绿化以及河道整治，实现道路硬质化目标，将原有废沟塘打造整治为 3A 级小南湖风景区，发展乡村旅游业，并创新实施"乡村旅游 + 中小学拓展实践"的新模式。

2017 年，成功举办"中国·黄桥双人大鱼赛"，来自全国 19 个省市 520 支参赛队伍，共计 1040 名垂钓爱好者参与，创造吉尼斯世界纪录。近年来，祁巷村积极开展各项赛事、活动，吸引广大客商、游客走进祁巷村，推广祁巷村特色农产品品牌、乡村旅游项目"走出去"。

祁巷村以"集体强、产业特、农民富、乡风好、村庄美、生态优"为总体目标，以"一核、五轴"（乡村文化主题核心，自然生态景观带轴、休闲娱乐带轴、培训拓展带轴、历史人文文化带轴和健康长寿带轴）为总体建设格局，科学规划、循序渐进，逐步在高效规模农业和猪鬃加工业发展的基础上开拓乡村旅游业。

祁巷村现形成了四大特色产业——高效规模农业、乡村旅游、培训拓展和猪鬃加工。高效规模农业和乡村旅游为支柱，培训拓展和猪鬃加工为补充，传承优势产业，促进产业多样化、特色化发展，实现有机融合。

（二）增强领导能力

祁巷村两委与党中央保持一致，坚持党的领导，政治坚定，有责任、有担当，科学领导脱贫事业，走生态绿色致富之路。加强思想引领，发挥党员模范带头、基层党组织战斗堡垒的作用，强化民主，听取民生民意。将党的建设和村庄的经济、社会发展紧密结合，推进社会主义新农村建设。不断学习、反思、总结，互相监督，不断增强党员干部队伍的领导能力和管理水平，凝聚全村力量，为祁巷村特色支柱产业的兴旺打下了坚实的领导队伍基础，促进新农村和美丽乡村的建设与发展。

1. 思想引领

宣传学习新思想、新理念、新技术，解放思想、与时俱进，凝聚祁巷村思想力量。

外出取经，切实体验农业发展新思路。高效规模农业发展初期，很难说服村民改变传统农业发展方式，脱离舒适区。村党委自掏腰包，组织党员干部、人民群众代表前去江阴、常熟和浙江等地参观学习，意识到差距，体验到成果，学习到先进技术和经验，促进广大祁巷村村民积极主动地投入祁巷农业发展的新时代中。

汇集民智，广大人民群众积极参与决策。在重大项目决策上，党员干部都会组织人民群众进行祁巷村发展会议研讨，"仁者见仁，智者见智"，既向人民群众宣传了祁巷村发展的新思路、新理念，又充分吸收接纳人民群众的意见建议，完善祁巷村发展规划。既了解到群众需要什么，明晰发展方向，完善发展规划；

又是人民群众价值感、归属感的体现，减小政策实施的阻力。

坚持学习，解放思想，与时俱进。组织党员干部带头学习，以身作则带动人民群众学习。实践碎片化学习的经验，经常性学习，利用茶余饭后的时间，广播播放学习内容；利用现代传媒以及微信、QQ 等通信软件，向党员干部和广大人民群众宣传党的方针、路线、政策，推送富民强村的先进技术和经验；通过大型文娱活动，让先进思想的春风吹向家家户户。

2. 组织引领

祁巷村两委审时度势，整合村庄发展资源，组织带动全村力量，发展适合自身实际情况的支柱产业，确立祁巷村改革的方向。

（1）传承历史优势产业。猪鬃加工是祁巷村的传统优势产业，很多村民都熟悉猪鬃加工手艺，但生产细碎化、效益低，抵御风险能力差。为了传承本村历史优势产业，使其适应新时代的发展潮流，能继续蓬勃地发展下去，村两委成立了猪鬃产业支部，带动全村 150 多个农户开办家庭猪鬃加工工厂，形成"公司 + 农户"模式，间接带动就业 500 余人。

（2）发展高效规模农业。村"两委"党员干部充分发挥党员模范带头作用，带头流转土地，发展高效规模农业，将试验结果真切地展示给广大人民群众，带动人民群众突破传统，走新型农业发展之路。村"两委"积极招商引资，出台鼓励返乡就业、吸引人才的政策，为高效规模农业的发展提供物质和人才保障。

（3）开拓乡村旅游产业。村两委审时度势，在高效规模农业发展的基础上，逐步开拓休闲观光农业，并与中小学生实践拓展相结合。招引本地和外地能人，先后投入 5000 多万元，将废沟塘变身为小南湖风景区。

3. 班子引领

（1）党员干部带动示范。为推动高效规模农业的发展，村干部人人承包了 100～300 亩不等的土地，率先试点试验，将成果展现给村民；为发展香荷芋特色种植，几个党员骨干带头规模种植香荷芋，并进行粗加工，以真实效益带动村民；为传承做强猪鬃加工产业，党员骨干带动示范进行猪鬃粗加工示范，带动农户 150 余家。

（2）招商引资合作发展。党员干部积极主动与各地客商接触洽谈，寻找合适合作伙伴，带动祁巷村腾飞。与安徽客商合作发展草莓、葡萄规模化种植，与浙江客商合作培育高档苗木。

（3）能人带动领导发展。调动村内村外人才力量，鼓励自主创业和返乡创业，建立农民专业合作社和家庭农场，用智慧带动村民走向致富之路。注重品牌建设，注册"金辰牌"和"祁巷牌"商标。

4. 党员引领

充分发挥党员先锋模范带头作用，辐射带动，先富带后富，树立祁巷村改革的标杆。

（1）建立"党员创业示范园"。树立党员标杆作用，党员骨干承包土地，率先实行新型农业发展，在葡萄种植、水产养殖和苗木栽植等 10 多个产业项目中创立标杆，展示新农业发展两点，培训高新农业技术，辐射带动全村发展。

（2）设置"党员创业责任区"。免费供料、保价收购，帮扶村民进行猪鬃加工产业；促进香荷芋规模发展，防止市场恶性竞争，增强农民讨价还价能力。统购统销，保价收购，增强祁巷村农产品整体市场势力，打出祁巷品牌。

（3）打造"党员创业示范岗"。鼓励党员参与到乡村旅游服务业的发展中，向村民做出示范带头作用，鼓励已经取得成绩的党员投资带动人民群众进一步发展。党员印留庚投资 100 余万元，发展"农家乐"项目，吸引就业 50 余人，人均年增收 2 万元。

（三）跟进相关规章制度

1. 项目清单式制度

按照总体改革建设要求，精心设定项目清单，分公共服务、基础设施、产业发展和文化传承四大类，现还未完成 29 项工程细化项目进度、制定项目推进时间表、制定项目推进实施日程，科学规划，清单式管理，销号验收。

2. 完善事中控制

各指挥岗位领导亲临一线指挥工程建设，及时发现其中问题，及时沟通协调各项人力物力。各设计师全程跟踪项目，及时完善规划。

3. 完善资金保障

整合全村资金资源，招商引资，引进优质客商，推动祁巷产品优质化"走出去"。

4. 调动全员力量

充分发挥基层党组织战斗堡垒和党员先锋模范带头作用，建立"1＋1＋X"党建富民模式，党员干部带头投入美丽乡村建设，"一带一"搞建设；充分发挥民主，让每一位村民参与到建设决策中来；成立乡贤理事会；人民群众自发整治自家房屋庭园，共同清理村内草堆，干净整洁村内道路河道，全员参与。

### 四、生态宜居村落发展基础

生态宜居村落的建设离不开经济基础、各项基础设施和公共服务建设以及环境整改建设，积极发展高效规模农业，在此基础上，逐步发展休闲观光旅游业再到乡村旅游业。各项基础设施和公共服务的建设，既为生态宜居村落建设提供了硬件保障，又为特色支柱产业的发展夯实基础；特色支柱产业的发展为老百姓提供了就业增收的机会，为乡村带来可观的绿色生态收入，打下坚实经济建设基础，提高居民幸福生活指数，促进生态宜居村落建成。

（一）生态高效农业带动作用

祁巷村"两委"寻找突破口，打破传统农业种植局限，整合农业资源，由最初党员骨干的试点试验，辐射带动，一步步发展为今天的高效规模农业。

1. 规模经济建设

通过土地流转，招商引资，一步步实现土地和农业劳动力资源的整合，建立农业基地。目前已经建成五个千亩基地——千亩粮食基地、千亩花卉苗木基地、千亩香荷芋基地、千亩蔬菜水果基地和千亩水产养殖基地。精特发展800亩小杂粮基地，200亩玫瑰园基地。资源整合，高效利用，效率高、效益高。

成立土地股份制合作社、香荷芋种植专业合作社等花木培养、设施蔬菜种植农业专业合作社12个，增加农民在市场上讨价还价能力。

2. 特色产品建设

历来祁巷村村民就种植香荷芋，近年来，市场前景广阔，祁巷村通过整合农业资源，顺应历史优势，做精做专做特香荷芋种植，成立合作社，组织发展2000亩香荷芋种植。祁巷村将高效规模农业生产的农产品特色化，打响祁巷品牌，申请注册"金辰牌"等商标，高效规模农产品走出祁巷。

（二）乡村旅游产业带动作用

在高效规模农业蓬勃发展的基础上，大力发展休闲观光农业；充分利用乡村闲置房屋和富余劳动力，创办农家乐；整治乡村优势资源，营造生态环境开展乡村旅游，为祁巷村特色支柱产业再添砖加瓦。

1. 发展思路建设

（1）村旅结合。美丽乡村建设和乡村旅游业发展相融合。以乡村旅游业的发展带动乡村基础设施和社会公共服务建设，硬质化村庄道路，量化村庄交通、污水处理、村落改造建设。以乡村旅游带动村民致富，充分调动生产积极性。

（2）农旅结合。利用地方特色香荷芋、小杂粮基地等高效农业区，将农田景观化、农事产品化、农作物商品化。

（3）文旅结合。将祁巷 600 年历史文化内涵同乡村旅游相结合，将祁巷特色记忆和乡愁同乡村旅游相结合。

（4）学旅结合。将研学活动与乡村旅游相结合，将中小学生课外实践拓展与乡村旅游相结合，注入新活力。

2. 特色产品建设

（1）餐饮特色。传承祁巷特色，流传历史工艺。恢复开发了"素食八样""面点八种""祁巷八大碗"。多次在中央电视台专题报道，创建祁巷餐饮品牌。

（2）项目特色。除农业观光休闲项目外，还添加了攀岩、骑马、真人 CS 和皮划艇等多种多样的特色娱乐休闲项目。增设国防安全教育体验和公共安全教育体验项目，将乡村旅游与中小学生课外实践相结合。

（3）产品特色。五个"千亩"高效规模农业基地生产各类丰富农产品，创建祁巷特色农产品品牌，开发时令果蔬、泰兴香荷芋、祁巷老鹅、葡萄酒和菊花港鲢鱼等特色乡村旅游产品。

（4）环境特色。祁巷水资源富足，发挥其优势，综合整治河道，进行治污处理，增加祁巷绿化覆盖率，营造蓝天白云、潺潺流水、绿荫环绕的生态田园风光。创建电动观光车和游船等休闲观光交通线路。

3. 品牌景区建设

祁巷村坚持打造标准化示范区和星级乡村旅游区等品牌，提升产业经营品质，增加产业经营效益，让祁巷品牌"走出去"。按照有关标准规定，不断完善旅游基础设施与公共服务，脚踏实地地做好整改与建设；扩大项目产品的丰富度，为游客提供更多的选择，从单一乡村观光产品，逐步发展到集休闲娱乐和景观农耕于一体的 40 多个旅游产品项目；不断提高经营管理水平，科学管理，高效产出。创建"全国文明村""江苏最美村""全国休闲渔业示范基地"等 10 多个品牌。

4. 多样活动建设

积极开展丰富多彩的活动，吸引更多的游客走进祁巷，了解祁巷，让祁巷品牌"走出去"。以"乐东祁巷村，春溢小南湖"为主题，定期开展旅游节庆活动，如"相约小南湖灯会"等；举办"中国泰兴黄桥双人大鱼赛"，获中央五台转播。

### 五、生态宜居村落建设

（一）建设原则

1. 风土人情传承

乡村有别于都市，在提高村民生活水平的同时，要最大限度地展现乡村的特色，保护乡村独特、淳朴天真的自然格局和人文气息，建设现代化文明田园乡村。修葺完善田园建筑、田园风光和田园生活，乡村建设沁人心脾，村民生活怡然自得，观光游客返璞归真。以高效农业发展为基础，将土地股份制合作社作为经营主体，建设800亩小杂粮种植基地，立足特色杂粮种植；"春有油菜花、夏有香荷芋、秋有荞麦花、冬有雪里蕻"，让花香充盈四季、装点祁巷村；河道清淤，注入活水，培育净化水系水生生物，潺潺细流，宛如丝滑玉带；修葺房屋、硬质化道路，提高基础设施水平的同时又不失率真自然的田园风貌。

2. 建设资金保证

拥有特色支柱产业，多产融合，富民强村。做精做特农业种植，发展高效规模农业，发挥历史特色农产品优势，提高市场份额，做出祁巷品牌；做大做特猪鬃加工产业，传承历史手艺，融合现代技术，积极推广"公司＋农户"经营模式；做优做特乡村旅游，巧妙融入中小学生培训拓展，让更多的人走进乡村、了解乡村；整合劳动力、房屋、土地等资源，开展合作社，促进产业发展的规模化、专业化和分工化，增强市场讨价还价能力；三大产业有机融合，互相促进，互为补充，兴旺发展。

3. 建设人才保障

完善乡村基础设施和社会公共服务建设，打造"15分钟便民服务圈"；绿色有机发展乡村振兴产业，为广大村民提供质量高的就业岗位；营造绿色生态宜居宜生活环境，提供舒适生活；推进信息化平台建设，打造智慧社区；开拓思路，深入改革，创新农村集体经济组织管理机制，吸引德才兼备的村民留在乡村、建设乡村。

4. 自然环境建设

保护本村古树名木，制定标牌；绿化乡间道路，鼓励种植本村特色树木，全面提高祁巷村绿化覆盖率；治理畜禽养殖污染废弃物，建立污水处理工程，进行河道综合整治，还原河道自然优美风光；打造清新自然、绿色优美的有机乡村生态系统。

5. 人文环境建设

挖掘保护历史遗迹、历史文化，合理保护和利用现有老街、老巷和老宅；修建村史馆和名人雕塑，展现祁巷的风土人情；挖掘传承祁巷手工技艺。

（二）建设规划

1. 注重专项规划与总体规划的契合

单项规划单位和整体规划单位及时沟通，积极协调，有序衔接，有效规划，有机契合。总体规划设计委托南京规划设计研究院进行，污水处理系统委托中机国际工程设计研究院进行，水利系统委托南通水利勘测研究院进行，交通运输系统委托苏交科集团股份有限公司进行，田园种植规划委托南京瑞迪建设科技有限公司进行。

2. 注重专业设计与人民智慧的结合

总体项目和单个项目规划都是邀请专业规划机构进行规划设计，确保规划的科学性与专业性。设计团队通过村民座谈会、问卷调查等方式，广泛走访，吸收村民的设计意见和建议，在实地调研的基础上，依据民生民意和实际情况，做出专业合理规划。及时召开规划会议，及时沟通协调，便于实施事中控制，确保规划质量。

3. 注重点与面风景的嵌合

各设计单位以实地调研数据为基础，潺潺"一泓水"，实施河道整治综合治理方案；四通八达"一道环"，完善村内外交通运输体系；精细"一根轴"，景观入口方便快捷；优美"一个点"，修葺村委广场，创建舒适生活；专业"一片区"，分区规划，针对实际，出台方案；特色"一块田"，农产品打响品牌，田园风光走进人心。既注重整体协调美观发展，铺设锦绣山川；又注重特色品牌打响，增添鲜花朵朵。

4. 注重现代与乡村的融合

在改善村庄基础设施和社会公共服务、发展高效规模农业、打造乡村观光旅游业的同时，切不可丢乡村本真的自然风光和人文气息，做到乡村的淳朴自然与现代社会的舒适方便的有机融合。合理规划乡村空间布局，特色小杂粮种植基地坐落于村东北区，瓜果采摘和蔬菜种植基地坐落于村西北区，西南区建立田园休闲和中小学生培训拓展体验区，东南区建立养心院里区；北侧入村，展现田园风光，中心提供产业服务与人文休闲。

（三）创建文明乡风

创建文明乡风，营造和谐氛围，弘扬中华传统美德，与时俱进，响应时代的号召，在祁巷村塑造良好的道德风尚，丰富村民精神文化生活，提高村民及游客的精神文明水平。

1. 宣传精神

弘扬老一辈道德风范。祁巷是科学巨匠丁文江先生的故里，通过道德讲堂、文娱节目、乡刊《美丽祁巷》专栏和路道河流命名等形式，向广大村民宣传丁文江先生爱国爱家的奉献精神、坚持不懈的科研精神，引导村民学习丁文江精神。

宣传新思想、新理念、新精神。解放思想，与时俱进。积极向广大村民宣传党的先进方针、路线、政策，向广大村民宣传社会主义核心价值观等，跟上时代的步伐。

将道德风尚宣传融入中小学生课外拓展实践中。通过文娱节目表演、道德讲堂宣讲等方式，在中小学生来祁巷实践的过程中接受心灵的洗礼，弘扬中华传统文化。

2. 搭建平台

创办乡刊《美丽祁巷》，宣传党的方针路线政策，宣传村两委改革新政策新理念，评选先进模范人物并宣传先进事迹；创建祁巷农民文化艺术团，结合村情自编自演文娱节目，宣传先进事迹，弘扬道德风尚；成立乡贤理事会，邀请德才兼备的能人参与治理，作为村两委与村民良好沟通的桥梁。

3. 建立机制

建立"书记包村干、村干包组、中心户长包户"的管理网络，环环相扣，责任到人；建立"月度自查自救、季度阶段小结、年度全面考评"的考核机制，做好事中控制，实时发现问题，及时改正。

4. 奖优改差

树立道德典型、文明新家庭典型，通过道德讲堂、文娱节目表演等方式进行宣传；实行"一帮一"教育帮扶机制，对于有矛盾有纠纷的家庭，及时协助解决，树立文明新风。

## 六、经验总结

（一）思路清晰

明确目标，寻找突破口，一一突破，逐步发展。祁巷村经过十几年的努力，摆脱一穷二白，走向生态致富之路，这和祁巷村领导队伍能够审时度势，吸取先进经验，从总体到局部为祁巷村改革作出合理规划路线密不可分，这奠定了祁巷村成功转型的基础。

（二）执行有力

充分发挥党员标杆作用，示范带动村民积极性；充分发挥能人带动作用，为发展注入新鲜血液；积极引导全民参与，汇集全民力量，增强项目推进的科学性，增加项目推进的动力。建立专项领导团队和执行平台，完善各项基础设施和社会公共服务，完善各项规章制度和管理运行机制，塑造文明和谐生活文化氛围，为进一步发展打下坚实的基础。各方领导及时沟通，互相监督，实时控制项目进展。整合人力物力资源，高效推进改革发展。

（三）打响品牌

发展传统猪鬃加工工艺，整合资源，建立猪鬃加工专区，成立合作社，推动猪鬃工艺做大做强，做出祁巷品牌。发展高效规模农业，规模化生产，提高生产的科学性与专业化，提高生产效率；合理规划，建立基地，传承优势农产品种植，做出祁巷特色农产品，提高生产效益。发展乡村旅游业，增加乡村旅游项目的多样性和特色化，满足不同消费者的消费需求，创造口碑旅游区。形成四大支柱特色产业，打响品牌，增强祁巷产品的消费者满意度与忠诚度，增强抵御市场风险的能力。

（四）绿色生态

既要金山银山，更要绿水青山。保持乡村淳朴天然的自然风光和人文气息，完善各项基础设施和社会公共服务。让游客玩得开心舒适，让村民住得怡然自得。硬质化、亮化道路，净化村庄环境，发挥水资源丰富的优势，塑造蓝天白云、玉带萦绕、绿树成荫的美丽乡村。

七、发展目标

在未来，祁巷村紧盯目标，紧紧围绕乡村振兴战略，抓住特色田园乡村建设机遇，实施"一根针"穿引"千条线"的方式，以产业兴旺、生态宜居、乡风文明、治理有效和生活富裕为"五根针"，分项突破，进一步建设社会主义新农村。

（一）产业兴旺

继续巩固和发展四大特色支柱产业。完善土地保障机制，合理规划建设用地与农用耕地，提高土地利用效率；优化产权制度；增强农业抵抗风险能力，增加农业发展设施的科学性，增加农业保险赔付比例，建立大灾救援资金库；增强农业技能知识培训，科学发展农业种植；对老区香荷芋发展给予政策倾斜，促进香荷芋发展；促进旅行社和乡村旅游的结合，完善体育公园、户外拓展基地、农耕文明园等文旅项目建设，进一步提高乡村旅游业发展实力。

（二）生态宜居

继续完善村庄道路、水利系统、绿化设施、旅游厕所和停车场等基础设施和公共服务建设，不断提高乡村旅游服务水平，不断提升居民生活环境，做到景色优美宜人，空气沁人心脾。

（三）乡风文明

继续弘扬中华传统美德，宣传新时期社会主义时代精神。发展祁巷特色文化，保持淳朴乡风。提升乡村旅游文化品质，重建牌坊、戏台、禅寺和巷道等建筑，恢复磨豆腐和酿酒等传统手工艺。

（四）治理有效

不断提高管理队伍的治理水平，不断完善管理队伍组建和管理机制设立。广泛吸引人才，奖惩分明，确保强大人才保证；领导班子不断学习，不断进步，提高领导能力；协调各项目进行过程中的矛盾纠纷，确保在建项目平稳运行。按照"法治、德治、自治"相结合思路，积极探索祁巷村治理新机制、新模式，强化组织建设，提高人民群众参与度，提升社会治理水平。

（五）生活富裕

巩固和发展四大特色产业，促进农民增收；发展电子商务，完善交通运输，搭建高效科学物流平台；学习周庄"同里模式"，在村骨干、乡贤能人带动下，在夹沟和横沟两侧创建美食、特色农产品和乡村旅游一条街；鼓励外出务工人员返乡创业，鼓励村中能人带动创业。


# 附录10　江苏省泰州市高港区大泗镇康乐村生态宜居调研报告

**摘　要**：江苏省泰州市大泗镇康乐村一直积极进行生态宜居村落的建设：积极进行经济建设，发展光普农场和中药科技园区，促进农业供给侧结构性改革，促进三产融合发展，夯实发展基础；积极进行自然环境优化，创造干净整洁、美丽舒适的田园生活环境；积极进行精神文明建设，创建美德善行排行榜、三社区志愿服务制度，营造文明和谐乡风。在发展的过程中，康乐村的建设也存在一定的局限性，针对相关问题，康乐村作出下一步发展的规划目标，以进一步完善生态宜居村落建设。

**关键词：**生态宜居；经济建设；精神文明

## 一、基本情况

大泗镇康乐村地处大泗集镇中心地带，全村沿泗白路错落分布，泰州大桥北接线穿村而过，地理位置优越，另有牧校 4 亿元项目落户，是大泗镇的窗口。

康乐村曾先后荣获"2011 年全国妇联基层组织建设示范村""江苏省新农村建设先进单位""2012 年江苏省平安家庭示范村""2010—2012 年度全省文明村镇""2013 年江苏省社会主义新农村建设省级示范村""2015 年第四届全国文明村镇"等诸多荣誉称号。

## 二、生态宜居村落发展现状

（一）经济建设宜居情况

（1）建成光普农场，为泰州市首家个人独资企业。农场为康乐村村民创造了优质就业岗位，搭建了农业生产新技术、新理念交流学习平台，带动康乐村村民创新创业，发挥了模范示范作用。

（2）建成中药科技园，项目投资 4 亿元。中药科技园同生产实际相结合，集产学研于一体，发挥着桥梁与基地功能；生产的中药产品，打响了康乐村中药生产的品牌；发展中药休闲观光旅游业，促进三产融合，提供了大量工作岗位。

（二）自然环境优化情况

完善村庄基础设施建设，硬质化、亮化道路，实现自来水入户率 100%。整治每家每户的生活环境，整治河道，绿化村庄，传承乡村自然风光和人文风貌，塑造怡然生态田园风光。现全村共有 8 名清洁工人、6 辆垃圾清运车、大垃圾房 2 个，小垃圾箱 75 个，现康乐村村庄环境长效管护达标率为 100%。

（三）精神文明建设情况

传承中华美德，建立康乐村美德善行榜，评选孝老爱亲、爱岗敬业、助人为乐、见义勇为和诚实守信先进人物和先进事迹，树立道德标杆与模范，营造村庄良好精神文化氛围。

建立社区志愿服务管理制度，包括孝老爱亲志愿管理制度、妇女儿童志愿管理制度和环境整治志愿管理制度。全员总动员，调动村民积极性参与其中，互相帮助，塑造文明和谐社区。

## 三、生态宜居村落建设

（一）经济基础建设

光普农场和中药科技园的建设促进了康乐村农业供给侧结构性改革，促进了康乐村三产融合，促进了康乐村经济发展，为广大村民提供了增收致富的机会、技术与思想。

1. 光普农场

2013 年，康乐村成立了泰州市首家个人独资性质的家庭农场——光普农场。

光普农场作为产学研融合基地，不断提高农业生产技术，生产新鲜安全、优质绿色的农副产品。光普农场还同科研院所合作，是科研院所的科研实践基地，是农业生产新技术、新理念示范推广基地，是优质特色农产品生产基地。光普农场引进农业博士，常年对农场农业生产技术进行科学指导，攻克层层技术难关，申请了国家专利 3 项，建立发展绿色防控体系，形成了一整套农副产品生产规范流程，逐步发展成为生态高效农业。

光普农场建立了农副产品生产、加工、运销产业链。农场严格把控农产品生产环节的质量，形成规模经济，绿色无公害地高效率生产产品，增强农产品生产环节抵御自然风险的能力；进行农副产品初步加工，增加农副产品自身价值，提高收益；产品直接销售大型酒店，盆栽蔬菜抢占高端市场份额；创建康乐农副产品品牌，走出康乐村，提高光普农场农副产品的品牌忠诚度和满意度，增强农产品运销环节抵御市场风险的能力。

提供优质工作岗位，形成创新创业基地。光普农场标准化、科学化的生产流程，为周边村民提供众多优质工作岗位，带动就业 30 余人，实行"一对一帮扶制度"，帮扶贫困家庭。光普农场形成了创新创业基地，发挥创新创业示范带头作用，将新型农业生产理念、生态农业生产收益，以实实在在的形式传递给村民。农场进行创业富民宣讲两次，并指导培训全区新型企业。搭建村民创新创业桥梁，为整个大泗镇的村民们都带去了福音，起到了生态农业发展牵引带头作用，成为大泗镇职工的创业基地。

2. 中药科技园

江苏中药科技园由江苏农牧科技职业学院与泰州市高港区人民政府合作共建，占地1300亩，总投资4亿元，位于泰州市高港区，交通便利。

中药科技园集产学研于一体，建立与江苏农牧科技职业学院动物药学院、食品科技学院、园林园艺系和农商管理系的合作关系，建立与南京中医药大学等高校相关专业的合作关系，为园区建设发展运行提供技术保障、科学管理保障，为合作院校提供科学研究实践基地，促进中药科技园良好运行。

中药科技园是以中医药文化为主题的中医药健康旅游基地，是集药用植物收集、展示、观赏、体验和中药材生产、示范、研究、美化环境于一体的综合示范中医药健康园区。充分体现一二三产业的融合和农业产业结构的优化，既优化了农业内部产业结构，又优化了农业与其他两大产业之间的结构。

中药科技园本着因地制宜、合理布局的指导思想，以"生态高效、优质安全、绿色开放、科学发展"为宗旨，分设中药种植景观区、中药养生体验区、中药产品加工区、盆栽蔬菜种植区和优质果品种植区五大功能区域，分区发展，科学管理；将生产、示范、推广、休闲观光等功能融为一体，形成大泗特色品牌的人文景观，力求将园区建成规划设计科学、产业特色明显、科技含量较高、设施装备先进、运行机制灵活、综合效益显著、园容园貌美观的泰州市级现代休闲农业园区，成为市民憩息、农事休闲、观光旅游的好去处。

（二）自然环境优化

1. 完善基础设施建设

康乐村通过一事一议项目以及村集体筹资，实现村组间硬质化道路全覆盖，交通便利化。

实现自来水覆盖率100%，家家户户用上自来水，用水便利化。

2. 营造村庄生态环境

康乐村进行道路、河道清洁，绿化整治。村干部带头，积极调动人民群众积极性。净化绿化村庄道路，清理村庄空地杂物，解决村庄空地乱堆乱放问题，清理道路，干净整洁，增加道路两侧的绿化覆盖率。进行河道清淤治理、河流污水排污治理，全村的3条河道、4条河沟、3个河塘都分别进行了清淤整治，河塘清洁率达100%，创造生态绿色环境。

康乐村进行村庄房屋、村民家庭院落的整理清洁和修葺工作。康乐村借助环境整治这面大旗，充分发挥村干部的示范带动作用，组织环卫工人划分片区，治理家前屋后乱堆乱放现象。整治过程中绝大部分村民都很配合，但也有部分村民存在抵触情绪，不愿意改变现状，但经过村干部耐心细致的工作，最后都积极配合，使全村居家环境面貌焕然一新。经过治理，康乐村各户家前屋后杂物堆放整齐，空地种植庄稼或者绿植，美化了村庄环境，为康乐村村民实现生态宜居提供了良好的自然环境。

康乐村建立环境整治付费制度和绩效考核制度。每年区镇共投入145400元，进行包括环境整治、河道管护和垃圾清运等在内的环境整治工作；聘请8名环卫工人，进行环境清洁整理工作，确保环境整治的人力、物力保障。建立市区职能部门定时督察考核制度，镇政府安排专职城管队员，责任到村，每天进村进行督察并通报存在问题，进行较好的事中控制，每月进行考核打分，年底设立环境管护先进村综合奖。各级部门齐抓共管，康乐村彻底改变了以往"脏乱差"的面貌，环境优美，河道整洁，多次受到上级部门的肯定。

**（三）精神文明建设**

1. 建立美德善行榜

康乐村建立美德善行榜，包括孝老爱亲、爱岗敬业、助人为乐、见义勇为和诚实守信五项内容，分别评选出先进人物。这些美德善行先进人物都是百姓身边的人物，经百姓评选出来，宣扬其先进事迹，在村内塑造美德善行的良好道德风气，提高乡村的整体精神风貌。

2. 建立三社区志愿服务管理制度

建立志愿服务制度，调动全村积极性，互相帮助，互相支持，共同发展，营造文明和谐的乡村社区。

建立妇女儿童志愿服务制度：

（1）学习制度。康乐村根据妇女和家庭的需求，整合各方面资源，定期组织讲座、展开培训，为妇女群众搭建学习知识技能平台，提供权益维护场所，提高综合素质和生活水平。

（2）例会制度。康乐村定期组织召开工作会议，每季度不少于1次。

（3）活动制度。康乐村每季度至少开展一次诸如带领妇女创业致富、维护妇女儿童权益、培训妇女骨干、小公民道德教育、五好文明家庭评选、平安家庭评选、巾帼志愿队伍组建和群众性文化学习等各类活动。

（4）台账制度。康乐村健全村妇女工作档案、完善各项表册，包括妇女（18岁以上）、儿童（18岁以下）基本信息表，各类妇女团体登记表，志愿者名册，女性人才名册，妇女培训登记簿，活动、会议登记簿，信访接待登记簿，典型妇女和家庭登记簿等；保证工作台账准确、明晰、完整。

（5）考核表彰制度。康乐村依据志愿者从事妇女儿童的志愿工作开展情况进行检查考核和评比表彰，一般每两年开展一次。

（6）专项工作制度。儿童工作、维权等各项工作制度按规范制定。

建立环境整治志愿服务制度：

（1）加强管理已有环卫志愿者队伍。康乐村现已组建了一支环卫志愿者队伍，一支由10名老党员、退休干部、退休教师组成的"三老"志愿者队伍，每天不定时抽选村社，对其环境卫生整治工作进行督察、对群众进行宣传。

（2）壮大群众志愿者的力量，多渠道、多方式地吸收志愿者。加强志愿者招募的宣传，加强"农村环境卫生整治，人人有责"的宣传，让更多的群众参与到志愿者队伍中来。同时还通过人传人、家传家的形式，吸纳待业大学生参与志愿活动，吸纳休假不上班的群众利用休息一起参与到环境卫生整治工作中来，实现"康乐村的美丽，有你、有我也有他"。

（3）制定奖励制度。榜样的力量是无穷的，每个月一次优秀环境整治志愿者评选，对优秀环境整治志愿者给予一定物质奖励，在志愿者中形成一种争优氛围，提升志愿者服务工作的自觉性和热情性。

（4）建立孝老爱亲志愿服务制度。进行了关爱"空巢老人"、关爱困难老人等一系列志愿活动。

## 四、经验总结

### （一）农业供给侧结构性改革

通过光普农场的建立，改革农业供给侧结构，提升农产品供给质量，生产更加适应市场需求的新鲜优质、绿色安全农产品。优化农业产业内部结构，合理配置农业内部一二三产业，形成生产、加工和运销产业链。与各大高校科研院所合作，建立产学研基地，既促进高校科研能力的提高，又促进农村农业生产能力的提高。

（二）三产融合

建立综合中医药健康园区，促进农业同第二、第三产业融合发展。生产销售重要产品，提供中医药实践基地，将娱乐休闲、观光旅游融入园区，生态绿色发展经济。

（三）志愿服务制度建立

建立了社区志愿服务制度，包含孝老爱亲、环境整治和妇女儿童志愿服务制度。通过志愿者招募，调动全村村民积极性，在村庄内营造互帮互助的文明和谐氛围，提高村庄对妇女儿童和老人的关注度，提高村庄环境整治、绿化家园的意识，增强村庄村民自我发展、互相协助、合作发展的知识技能并搭建平台，有利于康乐村村民发挥主人翁意识，共同营造生态宜居家园。

## 五、存在问题

（一）农业供给侧结构性改革有待深入

仅成立了一家个人独资性质的现代农场——光普农场。就整个村庄来说，传播现代化农业种植理念与技术的主要场所为光普农场和中药科技园区，发展有一定的局限性。中药科技园区主要提供中医药材，日常生活中更为广泛的农产品生产还是集中于光普农场和家家户户的耕地。而光普农场的规模具有一定的局限性，个人独资企业性质具有一定的发展局限性，生产的专业化、规范化和标准化具有一定的局限性，运销渠道具有一定局限性，其示范带动效应也具有一定的局限性。现代化生态农业生产在康乐村的覆盖率有待进一步提高，生产农产品的精细化水平、适应市场需求水平还有待进一步提高，农产品品牌的建立与推广有待进一步提高，市场细化水平有待进一步提高。

（二）村庄支出产业建设有待优化

康乐村现有生态农业发展主要为光普农场和中药科技园区。现有生态农业园区发展的完善度不高，各项基础设施和配套社会公共服务还不齐全；产品特色、餐饮旅游特色不突出，没有做出康乐品牌。康乐村也没有形成较为明显的支柱产业，示范带动作用不强，增收致富知识技能传播能力不强，优质就业岗位提供能力不强。

像中医药科技园区的发展，中医药传统种植优势发挥有一定的局限性，生产流程有待优化，没有做响康乐中医药材品牌；中医药观光旅游的配套基础设施和社会公共服务体系有一定的局限性，基础设施舒适度、方便性不足，服务产品多样性不足，有待完善；中医药园区科研实践基地的发展有一定的局限性，和各大科研院所的合作密切度不足，接待学生课外实践、观光旅游游客的能力有待进一步提高，中医药生产技术、生产加工流程有待进一步研究优化。

（三）精神文明建设有待进一步全面化

康乐村现在的精神文明建设主要是美德善行榜的宣传弘扬和社区志愿服务制度。着重在于村民互帮互助和美好道德风尚建设，对于新思想、新理念、新知识和新技能的传播还有待进一步加强，需与时俱进，追逐时代的潮流。目前重点在于对弱势群体的关爱，对于中青年创新创业、返乡就业创业的人才队伍建设有待进一步完善，对于村庄村民生产实践技能、认知实践能力的培训提高有待进一步完善。居民文化生活公共设施和社会服务体系的建设还不够完善，需进一步提高乡村村民综合素质水平。

## 六、下一步发展方向

当前村庄经济、政治、文化、社会和生态文明"五位一体"建设有待进一步完善，明晰确定科学战略规划，增强执行力度。

当前种植、养殖发展仍以经验积累为主，缺少相关技术人才，缺少示范园区建立，缺少带动作用。当前建设人力、物力资源保障不足，要科学合理整合资源，合理招商引资，确保发展基础。加强与外来公司合作，谋求更多发展。当前支柱产业、特色产业建设不完善，缺乏品牌效应，市场份额和顾客忠诚度有待进一步培养。当前生态农业发展仍不完善，规模、发展水平都有一定的局限性，应进一步进行改革，生产适销对路的高质量农产品，提供多样化乡村旅游服务。稳固现有企业，进行淘汰整合，提高集群效率，提升品牌效应。

当前村庄思想引领、组织引领有待进一步提高，进行新思想、新理念、新技能和新知识的更为广泛、更为深入人心的传播。当前村庄基础设施建设和社会公共服务体系建设还不够完善，需要进一步建立健全。继续开展精准扶贫，对贫困村给予帮扶，积极承担社会责任。继续完善各项福利补贴，让村民真正住得放心，过得幸福。继续推动乡村生态文明和精神文明建设，创造文明和谐的乡风，提高居民综合素质。既要金山银山，又要绿水青山，为生态宜居村落建设做出进一步的努力。

# 附录11 江苏省泰州市高港区胡庄镇赵市村生态宜居调研报告

**摘 要：**赵市村坐落于江苏省泰州市高港区胡庄镇，一直发展平平。通过确定发展方向、合理科学制订发展规划、完善发展各项软件硬件保障措施，赵市村一步步走向生态致富之路。引进上膳源泰州农场，并以此作为建设中心和示范中心，将新型农业发展模式融入其中，充分发挥其示范带头作用、新技术思想传播作用。由点及面，辐射带动，通过家庭庭园经济建设，带动整个赵市村开拓新型农业发展道路，富民强村；营造赵市村舒适宜人生活环境，提高村民生活水平。

**关键词：**生态宜居；中心示范；辐射带动

## 一、基本情况

赵市村位于江苏省泰州市高港区胡庄镇东南侧，东与薛垛村、南与根思乡、西与汪群社区、北与刘荡村相邻，由原三和、赵狮、海潮三个自然村合并而成。全村21个村民小组，总户数839户，总人口2809人，党员106名，区域面积5.08平方公里，耕地面积3288亩，拥有908平方米便民服务中心，配有社会事业工作站、党员学习室、村级卫生室、居家养老服务中心以及4处健身广场。2017年全村休闲观光农业综合经营收入达120万元，其中农副产品销售收入100万元、食宿休闲服务收入20万元。

赵市村以有机蔬菜种植、乡村旅游发展为支柱产业，以泰州上膳源农场为核心经营主体，走绿色生态之路，让乡村变都市。该村有鲜明的特色农业基础，农业发展以设施蔬菜、水稻、小麦种植为主，有小农场5个，农业合作社5个，休闲观光农业经营单位7家：江苏上膳源生态农业发展有限公司、高港区国文家庭农场、高港区穗海家庭农场、高港区金色年华家庭农场、高港区海之潮家庭农场、高港区余庆家庭农场、高港区健寿家庭农场。其中，江苏上膳源生态农业发展有限公司为本村重点规模企业，于2013年12月正式落户本村，投资过亿，分期建成；是集有机农业生产、农业观光旅游、现代农业示范等为一体的大型专业有机种植农场；建设有机体验中心、蔬菜生产区、畜禽养殖区、体验中心、物流中心等数十个功能区域；种植品种达150种，畜禽养殖猪牛羊鸡等数十种；建成上膳馆、文化馆、会务馆和种植体验区，实现集餐饮、住宿、会务培训、科普培训和休闲娱乐于一体的休闲农业发展。

赵市村曾先后获胡庄镇农业经济一等奖、"三农"工作一等奖、社会管理单位奖、土地整治二等奖等荣誉。目前，已通过了康居示范村、绿化示范村验收，正在申请江苏省休闲观光农业精品村、泰州市休闲观光农业示范村。

赵市村党总支审时度势，以科学发展观为指导，为赵市村的发展制订了详细的规划：以富民强村为第一抓手，以现有土地为依托，强抓上膳源泰州农场的示范效益，大胆跳出传统农业种植模式，走绿色、生态、无公害之路；建立专门班子，将全村土地划为示范种植区、观赏旅游区、农家庭园区、养殖示范区，以典型示范，大胆解放思想，科学引导辖区村民，更新观点，接受新事物，改变旧观念；硬质化路四横五纵，交通便捷，努力实现"布局优化、道路硬化、环境绿化、卫生洁化、路灯亮化"五化目标；在注重物质文明的基础上，更加注重美化群众的精神生活。

## 二、生态宜居村落发展现状

经过近几年上膳源泰州农场示范效益的带动，赵市村村民居住环境得到大幅度改善，经济实现进一步发展，在建设美丽乡村、发展休闲农业经济的生态绿色致富之路上做出进一步的努力。

### （一）一个中心示范建设情况

上膳源泰州农场结合泰州鱼米之乡的自然特点，利用江南特色农作物品种优势，建设有机蔬菜生产区、生态养殖区、育苗中心、有机体验中心、物流中心、有机堆肥场等数十个功能区域。全年种植品种100多个，养殖品种以泰州地方特色"姜曲海黑土猪"和优良地方草鸡品种为主，农副产品主要销往苏南、上海市场，可保障数万个年度会员家庭有机农产品需求。

通过三年多的建设与营运，公司效益进一步增加，2016年农场实现亩均效益21900元，使赵市村民理念得到更新，技能得到提升，收入得到提高。通过各种理论学习，不仅让农民掌握不使用农药化肥的健康种植方式，还促进了农民健康生活方式的养成，如不再焚烧秸秆，认识到滥用化肥农药所带来的危害；带领农民进入田间地头掌握实践技术，已培养新型农民300人；通过土地租赁收入、劳务收入、社保福利等措施，基地农民可支配收入达到19000元/年。

（二）辐射带动经济建设情况

赵市村2017年全村休闲农业从业人数1462人，超过全村总人口数的一半；全村日最高接待游客容量600人次/天，全年度接待游客0.5万人次；休闲观光农业从业人员年均收入2万元，当地非从业人员年均收入1万元。

赵市村曾先后获胡庄镇农业经济一等奖、"三农"工作一等奖、社会管理单位奖、土地整治二等奖等荣誉。目前，已通过了康居示范村、绿化示范村验收，正在申请江苏省休闲观光农业精品村、泰州市休闲观光农业示范村。现有1家集有机农业生产、农业观光旅游、现代农业示范等为一体的大型专业有机种植农场——上膳源泰州农场，家庭农场5个，农业合作社5个，休闲观光农业经营单位7家。

（三）社会文化宜居建设情况

赵市村目前拥有908平方米便民服务中心，配有社会事业工作站、党员学习室、村级卫生室、居家养老服务中心以及4处健身广场；休闲农业配套设施齐全；改善居住环境，干净卫生、绿树成荫、河流清澈；实现五化目标——"布局优化、道路硬化、环境绿化、卫生洁化、路灯亮化"。

## 三、生态宜居村落发展保障

（一）完善规划设计

1. 设立战略目标

赵市村党总支以富民强村为第一抓手，依托现有土地，打破传统农业种植局限，发挥上膳源泰州农场示范效益，传播新型农业发展观念，走绿色生态之路，让乡村变都市，既要"金山银山"，更要"绿水青山"。

2. 建设支柱产业

有机蔬菜种植业和乡村旅游业是赵市村农业经济发展的两大支柱。

有机蔬菜种植达150品种，严控生产流程，确保生产质量，获得有机认证；配套设施建立，产前、产中、产后一体化，形成产业链，保证运销环节的质量与速度；2017年农副产品销售收入达100万元。建成有机蔬菜生产区、畜禽养殖区、育苗中心、冷藏物流中心等数十个功能区域。

全村建成休闲农业和乡村旅游经营主体1个，江苏上膳源生态农业发展有限公司，为重点规模企业。作为泰州城南观光旅游的主阵地，依托周边资源，上膳源成功创建为江苏省 4A 级乡村旅游景点。完善配备休闲观光农业基础设施，先后完建游客接待中心、农副产品展销中心、餐饮、住宿、停车场、公厕等。上膳源泰州农场最多可接待 500 余人就餐、150 余人住宿，配备一大一小两个会议室，会议室可容纳 500 人。

3. 促进三产融合

赵市村优化农业第一产业内部结构，使一二三产业在农业产业内部有机融合。完善有机农副产品产前、产中、产后各个环节，从育苗、施肥等生产资料的提供，到有机农产品的种植、养殖，再到有机农产品的运销环节，环环相扣，形成有机整体，严格把控整条生产链的质量。

优化农业与二三产业之间的结构，使全村一二三产业在农业产业外部互相促进，富民强村。将旅游服务业同农业产业相结合，发展休闲观光乡村旅游业，走生态绿色经济发展之路。辅以少数医疗器械、电气企业等胡庄镇历史优势行业。

4. 规划四区建设

赵市村成立专门班子，将全村土地划为示范种植区、观赏旅游区、农家庭园、养殖示范区，专业化各区功能，以典型示范、大胆解放思想，科学引导辖区村民，更新观点，接受新事物，改变旧观念。

(二) 软件硬件支撑

1. 硬件支撑，完善基础设施建设

赵市村要想走休闲农业发展之路，走生态绿色致富之路，就要确保村内卫生的干净整洁，硬件设施的配套齐全，环境的沁人心脾。为此，赵市村领导班子做出一系列努力。

村庄实现五化目标——"布局优化、道路硬化、环境绿化、卫生洁化、路灯亮化"。安装路灯 217 盏，硬质化村庄道路建设；打造好宜居环境，全村四横、三纵主干道两侧绿树成荫，河坡整洁，水面清洁，两条中沟建立了管护责任区，长年做到水清、坡平；拥有 908 平方米便民服务中心，配有社会事业工作站、党员学习室、村级卫生室、居家养老服务中心以及 4 处健身广场；配备休闲观光农业基础设施——游客接待中心、农副产品展销中心、餐饮、住宿、停车场和公厕等；农家书屋的建立，"五星级"文明户的评选，道德讲堂的定期开展，极大地丰富了村民的精神文明生活，做乡村中的都市人。

2. 软件保障，完善各项规章制度

赵市村为建设美丽乡村、促进休闲农业经济发展制定了一系列配套的规章制度、管理条例以及发展规划。例如，创建江苏省休闲观光农业精品村工作制度（保洁员季度评制、月中例会制、月末检查制和不定期座谈会制度）、创新江苏省休闲观光农业精品村村容村貌管理制度和家庭庭院经济建设制度等。路面保洁实施分工专人负责，村民小组内通道由各小组负责，村委会负责村内公共道路；及时阻止村民或他人在公共、自家或他人墙体上乱涂乱画；各村民小组对本村内居民房前屋后的杂物堆放状况进行定期检查，确保整治有序；一律清除未经批准擅自搭建、扩建的厂房、民间及简易棚舍，发现有违章建筑，及时上报村委。"五星级"文明户的评选，道德讲堂的定期开展，以丰富村民精神文化生活，提高综合素质。

## 四、生态宜居村落中心建设

江苏上膳源生态农业发展有限公司为赵市村重点规模企业，于2013年12月正式落户本村，投资过亿，分期建成；是集有机农业生产、农业观光旅游、现代农业示范等为一体的大型专业有机种植农场。赵市村力抓上膳源泰州农场示范效益，发挥其示范带头作用，由点及面，从而辐射全村，带动全村休闲农业、有机农业的发展，生态致富。

（一）自建产业链建设

上膳源泰州农场采用"三个自建"模式进行经营，自建农场，自建物流，自建门店，形成从田间采摘、分拣包装、冷链物流、宅配到家的独特农业运营新模式。农产品从生产种植到销售全部在公司的控制范围内，更大程度地保证了农产品的新鲜、健康和安全，在减少周转环节的同时，节约了农产品的流通成本和时间。在农产品流通的各个环节中，很好地将服务业、加工业、运输业等有机地结合在一起，发挥出更大的联合效益。2016年3月20日下午，中共中央政治局委员、国务院副总理汪洋莅临上膳源有机农场视察，在农场F53号大棚对不含农药化肥的有机健康蔬菜进行现场品尝，对"上膳源模式"给予了肯定。

（二）会员制农业建设

上膳源泰州农场实行会员制销售，会员群体主要来自苏南和上海地区。消费者成为上膳源泰州农场会员后，预定农产品，一般以年为单位进行农产品预定，下订单，农场安排生产、加工、配送。

由于有机农产品生产、加工、运输和销售等各个环节的严格控制，有机农产品味道上乘，吃得放心，上膳源泰州农场会员的忠诚度都较高。

（三）农业功能区建设

上膳源泰州农场将农副产品的生产加工运销区进行功能性区域划分，划分为生产种植区、生态养殖区、有机堆肥区、育苗中心和物流中心；并且按照有机种植规范的要求，设置绿化隔离带。各区域专业化分工、严格控制质量、采用高新技术与科学管理方式，高效高质生产。

1. 生产种植区

上膳源泰州农场采用分期建设、边建设边生产的原则，已建成1000亩有机蔬菜种植区，完成了12个连栋钢架大棚、531单体钢架大棚、200亩露地防虫网和一个物联网示范大棚的高标准设施建设。种植区全部实现了自动喷滴灌和绿色防控，严格按照上膳源四大标准有机种植，并已于2016年6月完成有机认证转换。

2. 生态养殖区

上膳源泰州农场建立生态有机农业循环系统，发展以种养结合为主的高效生态农业生产模式。农场内，牧草种植面积200亩，果园种植面积120亩，林木种植10000株，动物养殖建筑20栋，动物运动场面积60亩；配备建有沼气池和有机堆肥场，实现物质的循环利用。特色养殖品种包括姜曲海猪、苏北草鸡、鸳鸯鸭、太湖鹅、徐淮山羊等。

上膳源泰州农场生态养殖区面积较大，场地宽裕，为饲养动物提供了充分的自由活动区间，200亩牧草种植区域为这里的动物提供了丰富的营养补给，保证动物散养状态。与此同时，上膳源泰州农场自我规范养殖标准，建立饲养档案、预防接种档案等，制订中草药保健方案，定期预防消毒，确保不使用化学药品，实现动物养殖的生态性、有机性，达到高效、可追溯管理畜禽目标，为食品安全提供保障。

3. 有机堆肥场

上膳源泰州农场建成有机堆肥场5120平方米，年产生物有机肥12000吨，可以满足农场有机蔬菜周年生产使用，实现农业生产的物质循环。

4. 育苗中心

上膳源泰州农场育苗中心可培育各类在农场种植的蔬菜品种达100种，年可培育蔬菜苗1500万株，幼苗累计播种面积可达万亩以上。在培育过程中，育苗中心科学管理、控制育苗环境，包括育苗的温度和湿度等，以提高所育秧苗质量，节约种子，从而降低育苗风险和生产成本；丰富蔬菜产品品种，加速优良品种的推广，提高蔬菜产品质量和产量；实现蔬菜生产的规模化、集约化、商品化，推动传统农业种植向现代农业种植转型升级。

5. 物流中心

上膳源泰州农场按照农产品冷链物流的建设要求，在原园区交易市场的基础上兴建物流中心。物流中心是上膳源有机蔬菜规模化、集约化、商品化生产的集中地，中心占地面积5628平方米。蔬菜预冷库、包装车间与5000亩农场配套建设，农产品一经收获就输送至相应配套车间进行加工包装，随后配送至会员家中，确保农副产品的新鲜度。现有蔬菜保鲜冷藏库1000立方米、肉品冷冻库180立方米、蛋品恒温库1125立方米及常温库2000立方米。

物流中心最大的特点是采用了预冷保鲜技术。对蔬菜进行预冷保鲜处理，这样可以更有效地控制蔬菜的新鲜度。经真空预冷保鲜处理的果蔬鲜度、色度和味觉更好，而且，真空处理干净、卫生。在保证采摘后限时宅配到家的前提下，大家可吃到更新鲜美味的蔬菜，并相应地延长了蔬菜的保存时间。

目前，上膳源泰州农场积极在农产品冷链物流上下功夫，以确保农产品新鲜度和尽可能地延长保存时间。

（四）休闲农业建设

自2015年3月起，上膳源泰州农场结合创建江苏省四星级乡村旅游区的要求，不断完善旅游基础设施和配套服务设施建设，加快农业与旅游业的融合发展。目前游客体验中心建设完毕，包括"三馆一区"——上膳馆、文化馆、会务馆和有机生活体验区，并配备游客服务中心。

上膳馆是有机食材的味蕾工坊。以有机食材为健康原料的体验餐厅，全部采用健康生态食材，从个人单点体验到宴席，打造全套的有机餐桌。面向社会开放有机宴席，根据宴席特点类型进行有机膳食套餐搭配，所采用的食材和厨房调料均为健康生态材料，目前正申请有机餐饮认证。

文化馆是农业文化的视觉体验。以农业文化的变迁，阐述上膳源有机文化理念，体验健康可持续的生活理念。为游客展示传统农业到现代农业以及有机农业的发展变迁，体验和了解有机农业理念与文化。

会务馆采用现代化显像技术，环绕立体式音响设备和吸音隔音技术。能够同时容纳500人。适用于企业内部会议以及大型表彰和演出活动。承接大型会议、培训讲座以及各类演出庆典活动，提供全套系列的方案策划、场地支持及现场执行。

有机生活体验区域是集顾客休闲娱乐、有机农业体验、食宿餐饮服务于一体的多功能游客生活区。其占地16356平方米，66套72个房间，采用生态环保材料，连排别墅建筑，独门独院，设置多种多样房间类型，以满足不同顾客的需求。配以全套生活设施，设立自助厨房、私家菜园以及各项生活娱乐设施，加上得天独厚的环境优势，让人尊享慢生活带来的健康活力。全套的生活设施，新鲜采摘食材如居家般自助厨房，适宜放慢节奏，养生度假。私家菜园中种植的蔬菜实行认养制，顾客认养，待顾客离开后由农场代养，配送至家，使顾客体验农家生活，体会食物来之不易，珍惜食物。此外，有机生活体验区域中配套建设各类文化娱乐设施，有多功能厅（可承接100人的会议和培训）、KTV、棋牌室、台球室、室内健身房、阅览室、电子竞技室、室外健身路径以及灯光球场（足球、篮球、网球），可以满足不同消费者的需求。

（五）线上农业建设

为能够让更多的人了解有机，促进有机产业发展，增加品牌知名度，上膳源泰州农场合理利用互联网技术，让更多的人了解有机产业，消费有机产品。"互联网＋"是现在企业发展趋势，上膳源抓住机遇，利用"互联网＋"将农业的生产与消费紧密联系起来，增强消费者与有机农业的黏性，增强有机农业生产加工流通环节的透明度，加强会员对农场的信任度与满意度，做好口碑宣传工作。

目前，公司主要建设有微信订阅号（微信名：上膳源有机生活）、微信服务号（微信名：上膳源）、微博等宣传平台，有官网、微商户、美团等销售平台。主要以打通线上线下，形成销售闭环，实现线上消费线下体验，线上粉丝反哺线下门店的销售模式。采用优点点菜系统和微信等手段实现了"互联网＋农业"的有效结合，将乡村和城镇、农业和IT、生产和销售都紧密地结合在一起，建成了有机农业的产业链，实现了种养殖生产追溯管理、网络下单、物流配送和客户服务的多产业融合。

（六）配套活动建设

上膳源泰州农场多次举办各类丰富多彩的活动，让人们体验有机生活，走进有机生活。其举办的活动有上膳源有机蔬菜进万家大型公益活动、上膳之选源于爱——上膳源10周年盛典、上膳源健康有机美食节、员工技能PK赛、游客参观上膳源泰州农场、游客采摘和游客KTV等。

缤纷多彩的活动吸引众多游客、当地村民、企业员工加入进来，切身体验有机生活，品尝有机农产品，了解有机农产品的生产、加工、运输和销售，从而能够增强企业员工的自我价值实现感和企业归属感，促进上膳源泰州农场更好地发展；能够更好地发挥其在赵市村的休闲农业效益示范作用，带动全村生态绿色发展；能够更好地推广上膳有机理念，走出赵市村，走出泰州市，走出江苏省，面向更广阔的群体，深入人心。

上膳源泰州农场为赵市村休闲农业效益示范中心，为广大村民提供了就业机会，向广大村民传播农业种植发展新观念，带动全村走向生态绿色致富之路。

### 五、生态宜居村落全面建设

赵市村以上膳源泰州农场作为发展中心，由点及面，进而辐射带动全村的绿色生态经济发展，形成有机整体，全面协调发展。

赵市村强抓上膳源泰州农场示范效益，让村民看见生态绿色农业发展的效益，积极主动加入进来。发挥上膳源泰州农场带动就业功能，整合农业生产资料，化零为整；发挥上膳源泰州农场带动休闲观光农业经济发展功能，逐步建设起家庭农场 5 个，农业合作社 5 个，休闲观光农业经营单位 7 家；发挥上膳源有机绿色发展理念传播功能，改善村庄环境卫生，营造绿水青山居住环境，加强家庭庭园经济建设。

家庭庭园经济建设是指引导鼓励辖区村民搞好小规模种养，在确保环境优美的基础上，达到每家院里有鸡鸭，户户门前有瓜果，夕阳下看到农家的袅袅炊烟，门前的小桥流水，农家小院鸡叫狗吠。切实地让每一个村民记得住乡愁，传承美好的乡风。

上膳源农场作为泰州市一日游"四星级"旅游区，农家的鸡、鸭、鹅、新鲜瓜果，荷塘里新捕的鲜鱼成了上海客人抢手的产品，每次组团到村的客人都收获满满，沿边群众收入多多。群众看到了农产品绿色生态的发展优势，主动更新种植模式，在传统习惯的改进、新事物的接受上，村民愿做乡村里的"都市人"，从而逐渐形成有机蔬菜种植和乡村观光旅游两大支柱产业，促进赵市村农业经济的全面协调发展，富民强村。

### 六、经验总结

（一）坚定不移走绿色生态之路

赵市村坚定不移走绿色生态富民强村之路，发展理念既要金山银山，更要绿水青山。确保居民生活环境的优美、干净整洁，依托特色农业基础优势，发展有机种植业、休闲观光农业，建立农业物质循环系统，充分发挥区域优势，促进经济发展，提高村民生活水平。

（二）农业产业内部结构优化

上膳源泰州农产创新"三个自建"农业经营新模式，自建农场、自建物流、自建门店；灵活运用"互联网＋农业"，线上销售，线下体验。形成产业链，利于各环节质量控制，促进一二三产业在农业产业内部的融合。

农业产业同二三产业有机融合。有机农业体验中心建设，带动乡村旅游服务业的开展；在有机蔬菜种植和乡村旅游业两大主要产业发展的同时，发展胡庄镇历史优势七大支柱产业——医疗器械、电气等产业。结合历史、自然优势，生态绿色地促进一二三产业有机融合起来，富民强村。

（三）软硬保障齐头并进

发展生态经济的同时，完善相应配套硬件、软件基础设施。

以富民强农为核心，以生产、绿色、无公害理念为指导，完善各项发展规章制度、设立发展规划，科学管理村庄，整合农业资源，促进整体有机发展。兴建农民书屋，发挥上膳源泰州农场新理念、新技术传播作用，进行精神文明建设，营造全村良好的文化氛围，提高村民的综合素质。

实现村庄"五化目标"，硬质化村庄交通道路建设，铺设路灯，绿化村庄；兴建各项便民公共服务设施；兴建各项休闲农业发展配套基础设施。

（四）中心建设示范带动

2013年底上膳源泰州农场落户赵市村，其是集有机农业生产、农业观光旅游、现代农业示范为一体的大型有机种养殖农场。上膳源泰州农场整合村庄农业资源，带动村庄村民就业；传播新型农业种植理念，示范农业生产高新技术，培养农业生产技能型农民，提高农业生产效率与质量；设置有机农业体验中心，发挥休闲农业示范效益作用。以上膳源泰州农场为中心，进而辐射至全村，使村民接受农业发展新理念，学习农业发展新技术，在思想上和技能上都成为当代先进农民。

（五）由点及面生态宜居

为促进休闲观光旅游业发展、营造生态绿色宜居家园，进行家庭庭园经济建设。引导鼓励辖区村民搞好小规模种养，在改善村民生活卫生习惯的同时，也保留了乡村生活的诚朴；美化家园，为村民创造更为舒适绿色的居住环境。

赵市村由上膳源农场这一个中心点，进而辐射带动全村建设生态宜居村落。强抓上膳源泰州农场示范效益、模范带动作用，提高上膳源泰州农场运营能力，丰富乡村旅游产品、有机特色农产品生产，促进农业产业结构在上膳源泰州农场内的示范优化，发挥上膳源泰州农场带领村民增收致富作用，增强上膳源泰州农场示范宣传新思想、新技术的作用，辐射带动全村积极开展改造建设，带动全村村民家家户户投入生态宜居村落建设中来。由点及面，富民强村，环境优美，生态宜居，提高居民生活水平、综合素质和幸福指数。

### 七、发展目标

赵市村以富民强村为第一抓手，以现有土地为依托，强抓上膳源泰州农场的示范效益，大胆跳出传统农业种植模式，走绿色、生态、无公害之路；要让全体村民活得有尊严，住得要体面，吃得有滋味。下一步将着重围绕美丽乡村、旅游观赏农业进行建设。根据省农委《关于加快发展休闲观光农业精品村的通知》文件精神，大力开展"江苏省休闲观光农业精品村"各项创建工作，不断丰富企业功能，为此，村"两委"结合实际状况，如下创建计划：

（一）提高认识、加强领导、完善制度

1. 创建工作领导小组

按照创建"江苏省休闲观光农业精品村"的有关规定和要求，村"两委"成立创建工作领导小组，建立组织网络，进行责任分工，做到有组织地开展工作，为创建工作打下一定的基础。

2. 加强宣传力度

紧紧围绕今年创建活动主题，村委计划要召开各种会议，横挂宣传标语与宣传牌，加大对村民的宣传力度，提高村民的整体素质，同时计划用网络员为村宣传员，使绝大部分村民都能认识到创建省级休闲观光农业精品村的重大意义。

（二）加大力度，搞好村的综合整治，确保环境卫生

村委研究决定在重点村整治要达到"四化"——主干道要硬化，村中明暗沟都要配套化，村边渠道、河边渠道、村民居住庭院要绿化美化。具体规划如下：各自然村主干道、塘坝改造；"三清"综合整治；进行花卉苗木等绿化投入。

赵市村"两委"从大处着眼，从小处做起，不断提高业务能力和服务水平，在上级有关部门的正确领导下，在创建领导小组的统一指挥下，努力加大投入力度，加强宣传力度，加强工作管理，加快建设步伐，动员全村村民积极主动地加

入赵市村生态绿色发展之路的建设中，贡献一份自己的力量。

路尽管艰难曲折，但赵市村"两委"信心满满，不断提高自身综合素质，努力促进赵市村进一步地综合协调发展，提高赵市村民生活水平，造福一方百姓。

# 附录12　吉林省延边朝鲜族自治州光东村生态宜居调研报告

**摘　要：** 延边州光东村是一个典型的朝鲜村，全村几乎所有人口都是朝鲜族。该村过去是一个落后的小村庄，经过数年的发展，开始逐步走上了富裕之路。2015 年习近平总书记来到该村，提出"细化增产技术措施，争取秋粮丰收"，同时要求将"厕所革命"推广到广大农村地区。光东村在此基础上充分发挥区域优势，采取三产融合的发展模式，将绿色主导产业与休闲旅游农业相结合，民族文化特色相融入的方法，形成优势互补、互相支撑的格局，积极发展农业观光、民族特色餐饮项目、特色农家乐旅游等项目。2017 年，光东村被评为全国文明村，成为社会主义新农村典范。

**关键词：** 生态宜居；三产融合；特色项目

## 一、基本情况及生态宜居村落发展现状

### （一）生态环境宜居情况

光东村是典型的朝鲜族村，下辖 6 个自然屯，8 个村民小组，有村民 301 户 858 人，其中朝鲜族 838 人，实际在村人口 180 人。面积 724.71 公顷，耕地面积 386 公顷，其中水田面积 171 公顷，所产大米在光绪年间曾被称为"御米"，现在主要以种植有机绿色大米为主。光东村先后获得全国文明镇村、国家级示范村、中国少数民族特色村寨、2015 年吉地吉品"最佳民宿"、AAAA 级乡村旅游景区等荣誉称号。2015 年 7 月 16 日习总书记在延边考察时，光东村是总书记所参观的唯一一个朝鲜族村落，总书记给予了高度的评价。

### （二）经济建设情况

光东村依托自然优势，积极发展有机、绿色水稻种植业，成立了大米专业农

场，建立了生产、加工、销售一条龙模式。目前，光东村仅大米一项就在原来555万元的基础上，又实现增收250万元，全村大米产值为805万元。

光东村依托民俗风情和绿色、有机大米品牌优势，打造集民俗旅游、观光体验、风味餐饮等功能于一体的现代农村田园旅游新区，大力发展休闲农业与乡村旅游。

2017年，农村经济总收入1380万元，农民人均纯收入达到13041元；村集体收入达到20.9万元。

**二、发展措施**

（一）加强基层组织建设

光东村共有在册党员31名，实际在家党员11名；在册党员中，35岁以下党员2名，50岁以上党员23名，朝鲜族党员30名，女性党员3名。村"两委"和村务监督委员会成员共计9人。村"两委"中女性委员为2人、35岁以下委员2人、返乡创业人员1名。村党支部面积为158平方米，是集"一站式"办公大厅、多功能室、文体活动室等多功能于一体的标准化村部，村部采用电取暖，保证村部冬季正常使用。

在村班子建设上，强化后备干部培养及农村党员的发展力度，目前储备村书记后备干部3名，村委会后备干部5名。2016年发展预备党员1名，培养积极分子4名。在为民服务上，进一步探索推行市镇村党组织精准服务"一线工作法"，健全完善"农事五办"服务制度，开展约办、代办服务事项92件，实现村民办事不出村的目标。

光东村开展"两学一做"学习中有三个特点：一是党员中朝鲜族居多，二是党员老龄化严重，三是流动党员占大多数。针对这些特点，村里组织人员翻译了"两学一做"朝鲜语学习材料，向全村朝鲜族党员进行发放。按照全市"三化一评"学习要求，组织党员开展天天十分钟学习活动，利用远程教育平台简单易懂的特点，每月定期开展2次集中教育，组织党员观看先进模范事迹、红色故事汇等开展可视化教育。并采取"引领式"学习方式，先后邀请了5位各领域党员，进行现身讲授党课，在相互讨论中达到学习的目的。通过微信平台，上传各类学习材料、工作动态等，开展"送学"式服务，让在外流动党员在异国他乡也能感受到党组织的关怀。近期，村里还向全体党员推广全州组织部开发的"金达莱故乡"手机平台，确保党组织及时掌握每一名党员动态，党员及时了解所在党组织学习活动。

　　"共产党员服务城"是延边州"两学一做"学习教育中"做合格党员"的特色载体。为引导每一名党员严格按照党员标准要求自己，光东村要求党员立足岗位发挥作用。创城活动第一阶段，在村部悬挂党旗、国旗，每一名党员佩戴党徽亮明身份，进行公开承诺，并在村部公示栏粘贴创城服务流程图，掌握每一阶段工作任务。第二阶段，每一名党员结合自身实际，认领服务岗位，开展服务活动，提升群众满意度。光东村11名党员全部认领服务岗位，其中服务示范岗5个，占在家党员的45%。目前，创城活动进入第三阶段，正在开展考评定星活动。下月初，还要结合东城镇的"三定三评"工作，开展党员评星工作。

　　整个"两学一做"学习教育期间，光东村不但强调学习，而且还通过全市"红色文化一线行"活动，学习红色文化，弘扬红色精神。光东村先后组织党员群众到烈士纪念碑扫墓、献花圈，每一位新党员都在烈士纪念碑进行入党仪式；"七一"开展重温入党誓词、升国旗等活动；参加了全市"两学一做"图片展；结合东城镇第三届农民文化节，通过红色歌舞表演，传递革命精神，激发时代正能量。

　　（二）进行基础设施建设

　　按照习总书记提出的"厕所革命"要求，光东村突出抓好了旱厕改造工程。在省、州党委、政府的大力支持下，和龙市委、市政府多次召开相关部门协调会并布置旱厕改造工作任务，积极推进相关工作。和龙市整合各部门涉农资金，采取多种方式尽力解决改厕资金，降低农民负担。同时，在充分尊重群众意愿的基础上，合理拟定了改厕的适用类型、技术标准和改造要求，并确定了厕所建造位置，与农户签订了施工协议。

　　光东村原有水冲式厕所53户，其他均为旱厕。而且因缺少污水处理设施，大部分水冲式厕所处于停用状态。政府投入350万元对光东村中心村210户室内卫生间实施改造，于2015年11月初开工建设，截至目前已完成207户，剩余3户空房户暂未施工。在污水处理方面，采取"分散式"处理方式，完成160户生活污水处理并投入使用。水冲式厕所投入使用后，村民反响良好，既改善了村容村貌、生态环境，又满足了村民日常生活需求。

　　基础设施方面，光东村先后投入35万元，完成1.1公里水泥路项目；投入66万元，新建围墙900米；投入27万元，完成文化广场建设，铺设彩砖地面1200余平方米，搭建了凉亭、舞台及更衣室，安装健身器材12件。

（三）完善扶贫工作

近年来，和龙市、东城镇和有关部门采取行动，协助光东村制订了切实可行的扶贫脱贫计划。一是在村里投入扶贫资金18万元，购买200只肉羊指定专人进行集中管理放养。每一名贫困人口每年能拿到肉羊扶贫分红款700元。二是投入扶贫资金100万元与淳浩有机大米加工厂合作成立了吗西达有机大米加工厂，对光东村的水稻进行加工销售，利润的6%用作扶贫资金和村集体收入。三是完善旅游基础设施建设，增加接待功能。一座由旅游部门投资856万元兴建的、具有民族特色的旅游服务中心在光东村拔地而起。四是实施精准扶贫。政府还拨付给村里每一位贫困人口1万元的精准扶贫款，贫困人口可以自由组合寻找脱贫项目进行经营。

（四）发展旅游业

光东村朝鲜族民俗村地理位置优越，位于吉林省延边朝鲜族自治州和龙市东城镇中北部，海兰江中游，平岗河谷平原下段，与龙井市毗邻，地理位置优越。

在旅游发展模式上，光东村依托民俗风情和绿色、有机大米品牌优势，打造农村田园旅游新区，大力发展休闲农业与乡村旅游。延边光东朝鲜族民俗旅游服务有限公司已入驻光东村，有100余家旅行社把光东村纳入旅游行程中，并签订了旅游用餐合同，旅游旺季（7月、8月、9月）日均接待游客近千人。

习总书记来光东村视察后，很多游客也都来村里观看表演的节目，光东村表演队的演出次数也随之增多，由之前的2~3天一次，增加至每天至少1次演出。每演出一场，旅游公司支付400元，其中300元作为表演队的收入，100元作为村集体收入。2017年，表演队员们每人实现收入2500元，村集体收入5000元。另外，年末旅游公司还将向村集体回馈3万元，作为村集体经济收入。

村委会还成立了"民宿旅游农家乐"专业合作社，通过与旅游公司合作的方式，招揽游客入住，每家民宿每晚收费为200~300元，收入归农户所有。目前村里有农家旅馆25户，可同时接待100名游客住宿，还计划再投入200万元，将25户民宿重新进行装修，打造具有朝鲜族民俗特色的居住环境。2017年，光东村接待游客30万人次，实现旅游收入300万元。

旅游配套设施方面，光东村投入856万元，新建游客服务中心、景观大门、停车场等一系列旅游设施。投入90万元新建一座1万平方米的水稻园。投入30多万元进行民俗餐厅取暖设施改造，换门窗、加保温、安装电暖气等，以保证冬天能够接待游客，做到了旅游淡季不淡。

此外，还计划再投入 2000 万元，吸引更多的游客到光东村参观考察，组织更多的干部到村开展学习培训。另外，光东村为了更好地打造休闲旅游胜地，还开发了温泉养生基地项目，目前正在进行打井工作，项目建成后，不仅会提高全村旅游经济收入，还会带动周边餐饮、住宿、商贸、农家小作坊、农产品等行业建设和发展。

（五）建设特色农业

1. 发展光东村大米产业

光东村位于海兰江中游、平岗河谷平原下段，属中温带半湿润大陆性季风气候，地处北纬 42 度的世界水稻黄金生产带，光照足温差大，利于作物营养积累；海兰江蜿蜒流过，水量充沛，水质纯净；大平原土壤肥沃，有机矿物质和微量元素含量高，村里人都把这儿叫作"平岗绿洲"。如此优越的自然条件孕育出的稻中珍品，在清朝时期就是特贡的"御米"。

光东村现有耕地 386 公顷，其中水田 171 公顷，以种植绿色、有机水稻为主。光东村年产水稻 1100 吨，主要以订单形式进行销售。

在村支部的带领下，有机水稻种植又增加了 47 公顷，使光东村有机水稻种植面积由原来的 80 公顷增加至 127 公顷。采取"村企"合作、"反租倒包"等模式，组织 56 户丧失劳动力贫困户，以土地入股形式加入光东村"淳哲"有机大米专业农场有限公司，实现了双方的合作共赢。

光东村开展集约化种植、公司化经营，加快品牌化步伐，切实提高农特产品附加值，增加了农民收入。目前，光东村仅大米一项就在原来 555 万元的基础上，又实现增收 250 万元，全村大米产值为 805 万元。

为保证农产品质量安全，采取"稻田养鸭、鸭稻共作"模式，并在水田地中设置了田间自动气象虫害监测仪，将全村 171 公顷水田全部纳入质检系统，24 小时全方位监控水稻生长环境。

随着光东村大米价格的提升，全村水田租赁费用也水涨船高，每公顷增加 1000 元，仅水田租赁费用一项，光东村农民人均收入由 1000 元增加至 1160 元。

2. 实施共享稻田工程

光东村开发的"共享稻田"私人定制专属农场，是与农户定向合作，提供一对一私人定制专属服务，确保村集体、合作社、贫困户都有收益。

运营模式：

（1）计划光东村首先统一购置土地，组建合作社；

（2）将合作社土地整亩分块进行市场认领，并给"农场主"制作相应的水稻冠名牌；

（3）分包土地给农户耕种；

（4）"农场主"给农户相应的管理、种植费用；

（5）土地收获归"农场主"及光东村集体所有。

优势条件：

（1）有机土壤；

（2）长白山山泉水系灌溉；

（3）有机肥基地；

（4）完整的生物植保体系（平岗绿洲）；

（5）高水平的水稻种植技术；

（6）完善的生产、加工、仓储、物流配送体系；

（7）清朝年间贡米宣传效应。

服务内容：

（1）一对一营养专家全方位健康膳食指导；

（2）有机米配送、保存服务；

（3）24 小时监控有机稻米的生长过程；

（4）获得水稻基地相应认领地的"冠名权"；

（5）按照认领价格配送有机精品大米；

（6）按照认领价格有稻田鸭、稻田蟹作为礼品；

（7）个性化有机精品大米包装。

效益分析：

光东村共享稻田项目，计划 2018 年共享 10 公顷（150 亩），并分成 1000 个小块儿，每块面积为 0.15 亩，平均产出水稻 130 斤（大米 80 斤）。共享稻田共享价格分为三个档次，往外延伸价格相对便宜。中心区 3000 元/块，共 100 块（1 公顷）、2000 元/块，共 300 块（3 公顷）、1000 元/块，共 600 块（6 公顷）。

效益：3000 元×100 块 +2000 元×300 块 +1000 元×600 块 =150 万元。

（六）制定村规民约

拥护中国共产党，拥护社会主义；全体村民均有保护耕地的义务；严格执行一户一宅制度，对农户闲置两年以上的农村宅基地，村委会无条件收回；村民之间要互尊、互爱、互助，和睦相处，建立良好的邻里关系；父母应尽抚养、教育未成年子女的义务；村内形成农村垃圾治理工作网络化管理体制机制，由村委会负总责；村内每年评选一次"民族融合""五好家庭""美丽庭院""致富能手""返乡创业"等先进模范典型，由村委会给予一定奖励。

### 三、发展成效

近年来，光东村实现了跨越式的发展，经营项目已经纵贯一二三产业，并且实现了深度融合。

第一产业方面，通过成立合作社和公司，运用现代的科学管理方式，将原来松散的农民团结起来，发挥本地优越的自然条件，打造大米品牌，成功地提高了农民的收入。

第二产业方面，光东村正在加大力度引进人才和设备，对农产品进行深加工，拉长产业链深度。

第三产业方面，光东村利用得天独厚的地理位置和自然条件大力发展休闲农业与乡村旅游。现在光东村已经是长白山旅游线路中的一个重要景点，2016 年来村里的游客就达到 27 万人次，旅游收入达到 200 万元。光东村积极发展农业观光、民族特色餐饮、农家乐旅游等项目，接待往返长白山的旅游团队。具体来说，一是组织参观新农村的村容村貌；二是安排游客亲自体验并品尝米肠、打糕等朝鲜族特色饮食；三是组织游客参观现代农业生产，例如机械化插秧、秋收、稻田养鸭等。村里设有民俗餐厅 900 平方米，一次性可容纳 300 人同时用餐，在游客用餐的同时能够观赏到朝鲜族的民俗婚礼表演影像，同时为游客提供 30 余套朝鲜族服饰供游客免费拍照留念，饭店停车场内建有秋千、跳跳板等朝鲜族民俗游戏设施供游客体验，参观过程中由专业讲解员用热情周到的服务为您讲解朝鲜族的民俗文化，带您走进老百姓人家，坐在大炕上聊家常，感受朝鲜族的热情好客以及"炕大地小"的民俗文化。

### 四、创新与经验

#### （一）创新之处

光东村作为原先一个贫穷落后的村庄，能在短短几年取得巨大的发展，其背后有很多值得探究的经验。光东村经验的意义在于它是一个乡村振兴寻求突围的成功尝试，向新时代贡献了一条独具特色的社会经济发展新路子。

1. 党建聚合

党建引领是光东村实现乡村振兴的根与魂，"发展壮大集体经济、实现村民共同富裕"的终极追求达成聚合效应——人人俱谋发展，发展普惠人人，不求一人巨富，但求家家小康。

组织架构实行网格化管理，突出党委元素，运用多媒体、无纸化办公，设立公众号、微信群，创新学习活动形式。在为民服务上，进一步探索推行市镇村党组织精准服务"一线工作法"，健全完善"农事五办"服务制度，实行集体表决、集体议事制度，进一步提高决策的科学性和民主性。

"共产党员服务城"是延边州"两学一做"学习教育中"做合格党员"的特色载体，光东村自然也不例外。光东村通过在村部悬挂党旗、国旗，每一名党员佩戴党徽亮明身份进行公开承诺，以及每人结合自身实际，认领服务岗位，开展服务活动加强这一领域的建设。

2. 土地整合

光东村的农业能够快速发展，最大的支撑在于土地整合。通过成立合作社及有限公司等方式，大部分土地完成了流转，为现代农业发展搭建了更大的舞台，丰富了村集体的增收渠道，增加了农户收入，实现了共同富裕。

3. 打造品牌

光东村通过宣传推介，大力宣传有机大米，提高品牌效应，增加产品附加值。全村水稻订单面积达70%，网络订单量也较去年增加了50%以上。并成功"搭桥连线"北京佳士宝公司，签订了有机水稻订单合同，销往北上广等地区，为助推有机大米品牌化建设奠定了基础。

光东村"吗西达"牌大米的销售价格从每公斤12元提升至13元，并面向高端市场，推出精品大米礼盒，价格从每公斤40~100元不等。此外，"吗西达"品牌还在天猫上设有旗舰店，线上线下同时发力，不仅80%卖到了北上广等大城市，还远销日本、韩国等海外市场。

4. 产业融合

一二三产业的高度融合在光东村形成了闭合循环经济，拥有强大的可持续发展能力，打造出一条从种植、养殖到农产品加工，再到销售相结合的生态循环链条。对大米进行加工和包装，通过专业渠道线上线下同时销售。又通过采摘、观光游、体验民族风情等方式带动餐饮以及旅游的发展。

### 5. 重视民生

光东村在发展的过程中始终坚持成果由村民共享，契合了广大民意，重视人民的生活。在各项项目中优先考虑村民，真正为村民谋福祉。光东村创新地将扶贫资金进行市场化运作，实现了保值增值。

### 6. 企业带动

光东村的巨变离不开能人带动。2009 年，土生土长的光东村人金君注意到大米价格上涨到了 2.5 元一斤，而村里有很多土地被闲置时，便辞掉在日本的工作下定决心回乡发展。他回到光东村开办了淳哲有机大米农场有限公司，开始一步步整合土地、注册品牌，培育产品类型，对接不同市场。目前，公司在光东村种植 70 公顷土地，又以订单农业的形式种植 200 公顷——通过分配给村民种子、有机肥、生物菌等生产资料，带动村民走上规模化、科学化经营之路。眼下，光东村的土地流转费在整个东城镇是最高的，从 2014 年的每公顷 3500 元涨到现在每公顷 7500 元。2015 年底，金君带着吗西达大米首次进入北京新发地市场，参加了延边大米北京推介会。晶莹剔透、甘甜筋道的米粒儿让京城客商"爱不释口"，可谓"一米品天下，万里皆飘香"。曾经的"吗西达"大米加工厂由一排破旧平房变成气派的楼房；由一个不起眼的小作坊，发展成为现代化大米加工企业；"吗西达"由"一种好吃的大米"变成全国知名的大米品牌，企业负责人金君也由一名普通的年轻创业者，成长为带动全村致富的"领头雁"。

### （二）经验总结

能人带动，敢为人先。光东村的领导充分利用现代技术，组织成立合作社，吸引人才回乡创业，积极寻找发展之路，敢于创新，敢于担当。注重扶贫工作和基层党建工作，为村民切实干实事，赢得了民心。

同时因地制宜，没有盲目复制照搬既有的经验。光东村土地面积有限但是地理位置优越，根据其实际情况及优势，积极转型为现代农业发展和旅游业相辅相成的方式。

## 五、下一步发展方向

光东村目前虽然已经形成了足够 100 名游客居住的旅店规模，但作为生态宜居的村庄，这样的规模对于广大的外来人口需求还是远远不够的，因而，村里又投入 200 万元，将 25 户民宿重新进行装修，进一步扩大规模。在继续推动绿色生态农业发展的同时，重视人才与科技的培养和投入，向精细化迈进，在第二产业方面尤其需要加大投入，会增加在这方面的人才吸引力度，争取到更多人才为家乡的发展做贡献。同时，进一步发挥自己作为朝鲜族村以及位置优越的长处，加强开展特色项目。最后，要再接再厉，继续开展精准扶贫，将扶贫资金进行市场化运作，让更多贫困户受益，真正使所有村民生活宜居。

# 附录13　吉林省四平市伊通满族自治县陈家村生态宜居调研报告

**摘　要：**在实施乡村振兴战略的大背景下，现代农村的生态宜居建设作为实施乡村振兴战略的一项重要任务，全国各地正集中力量予以全力推进。在推进的过程中，或许各地会因为条件限制而存在发展水平不一的情况，这就需要进一步了解各地情况来思考下一步如何进行规划。本文基于对生态宜居建设正处于初步探索阶段的陈家村的调研，首先分析了陈家村生态宜居的发展现状，在此基础上，对陈家村生态宜居建设中发现的问题进行总结，最后对陈家村发展生态宜居提出了相应的对策建议：各级政府加快制订和落实专项规划、实施方案；建立健全环境整治机制；需要上级政府、金融机构等提供政策和资金扶持；勇于创新，探索"因地制宜"发展模式。

**关键词：**生态宜居；初步探索；陈家村

## 一、基本情况

党的十九大报告指出，大力实施乡村振兴战略，坚持农业农村优先发展，按照"产业兴旺、生态宜居、乡风文明、治理有效、生活富裕"的总要求，建立健全城乡一体化发展制度机制和政策体系，加快推进农业农村现代化建设。确定了乡村振兴战略的目标任务，到2020年，制度框架和政策体系基本形成，到2035年，农业农村现代化基本实现，2050年，实现乡村全面振兴，农业强、农村美、农民富全面实现。相对以往而言，这些目标的制定，对"三农"问题提出了更高的要求。实施乡村振兴战略，是党的十九大做出的重大决策部署，是决胜全面建成小康社会、全面建设社会主义现代化国家的重大历史任务，是新时代

"三农"工作的总体把握。

在中央实施乡村振兴战略的大背景下，现代农村的生态宜居建设是实施乡村振兴战略的一项重要任务。中国要美，农村必须美。如果农村的生态环境不好，就没有办法建设美丽的中国。因此，全国各地正集中力量全力推进美丽乡村建设，力求在尊重、顺应、保护农村自然的基础上，促进乡村自然资本加快增值，实现人民富、生态美的统一。接下来，笔者将结合在吉林省四平市伊通满族自治县大孤山镇陈家村生态宜居建设具体调研情况来进一步阐述。

伊通满族自治县，简称伊通，隶属于吉林省四平市，位于吉林省中部，伊通河上游，东与长春市双阳区接壤，南接东丰、东辽二县，北与长春市郊区毗连，东南与磐石市、西南与梨树县为邻，西北、西南面与公主岭市接界。全县东西长76公里，南北宽66公里，面积为2523平方公里，总人口483000人。其中，满族人口17.6万人，占全县总人口的37.9%。县人民政府驻伊通镇。全县辖12个镇、3个乡：伊通镇、二道镇、伊丹镇、马鞍山镇、景台镇、靠山镇、大孤山镇、小孤山镇、营城子镇、西苇镇、河源镇、黄岭子镇、新兴乡、莫里青乡、三道乡。共有190个村，1168个自然屯。

大孤山镇是由以前的爱民乡和大孤山镇合并而来，位于伊通满族自治县西南17公里处，面积214.12平方公里，下辖17个行政村，1个街道办事处，1个直属社，84个自然屯，126个村民自治小组，全镇9063户，42284人。大孤山镇拥有丰富的自然资源。全镇位于松辽平原中南部农业区，土质肥沃，土地资源丰富，有耕地8880公顷，是国家首批确定的大型商品粮示范基地。境内有孤山河、新开河等河流4条，总水域面积730公顷，有欢欣岭水库1座，总库容量可达1800万立方米。全镇有林地面积4063公顷，荒山荒坡4840公顷，荒滩荒沟440公顷，水库、塘坝307公顷，镇内野生植物41科（300多种），其中药用植物上百种，工业原料类36种，全镇已探明矿藏有煤、大理石、天然气、麦饭石、玄武岩、硅灰石、石灰石、纯净矿泉水等。其中，麦饭石与天然气储量丰富。

大孤山镇陈家村坐落在大孤山镇东6公里，距离县城10公里，交通方便，紧挨公伊公路，村现有人口1560人，5个自然屯，包括后陈屯、李家屯、小米屯、前陈屯、干沟屯，其中后陈屯有78户，李家屯有40户，小米屯有75户，前陈屯有80户，干沟屯有30户。村里年轻人大多出去打工，老年人种地，耕地520公顷，种植主要作物为玉米，每斤玉米能卖0.812元。

## 二、生态宜居发展现状

在乡村生态宜居建设的背景下，陈家村村内的环境条件明显改善，村民们安居宜居幸福指数提高。具体包括以下几点：

（一）农村垃圾治理

2015 年，由村集体组织，在各个屯都建有一个垃圾处理点，具体位置在与各个屯距离较远 100~200 米的废地。在定点处理之前，村内垃圾遍地，气味难闻，环境条件极差。但在建立处理点后，在屯长的监督之下，由村内保洁员（当地村民）专人拉送各户垃圾到固定点，村内的环境条件明显改善。目前，乡镇正计划建立垃圾转运站，以便对垃圾进行分类回收处理，进一步解决农村垃圾治理难问题。

（二）农村厕所革命

2012 年，县发改委实施改厕计划（由企业招标负责项目实施），通知大孤山镇长，由镇长通知村集体，村集体告知各屯，各屯屯长统计意愿改厕村民数目，一步步上报给村、乡镇、县后，最终由县级发改委通知招标企业实施乡村改厕项目，并在完工后予以验收，由县发改委向企业支付项目款项。一般而言，县、乡镇在每年四五月给村集体下达厕所整治通知，由村集体通知各屯屯长及时统计上报名单，每年 10 月企业开始在各村统一实施改厕，一个月左右就可以修好。2012~2017 年每年都有几户上报，而在 2018 年有 112 户上报，还未实施。目前已经有 2/3 进行改厕，有 1/3 未进行改厕。陈家村实施改厕计划的农户，家里厕所由原来的室外围栏变为室内坐便式，每个厕所都有专门的坑，有 3 个管子可以排污水臭气。整个过程不对村民收取任何费用。村民反映一开始不习惯，但后来看到有邻居在冬天用厕所会更加暖和，感觉用着舒心，看着顺心。在"厕所革命"推进中，该村坚持以人为本，充分尊重农村、农民历史形成的居住现状和居住习惯，改善了百姓的生活环境。

（三）美丽乡村建设

1. 发展特色旅游

大孤山旅游风景区为国家 AA 级旅游风景区，位于县城西南 14 公里。大孤山以其独特的火山景观为核心，是一个集观光游览、科研考察、休闲度假、娱乐为一体的综合性景区。2013 年，大孤山旅游风景区由县政府与九州集团合作开发，计划每年投资 5 亿元，投资 10 年。风景区门票免费，山上有特色的树与花，每年 10 月初有枫叶树，还有未建成的大温泉。每年"五一""十一"游客比较多，有长春、四平等地的游客来参观，平时人很少。由于没有商业注入，总体发展水平一般。

2. 修建文化广场

2017 年，村政府出资 13 万元，县文体局补助 10 万元，镇里专门的施工队修建 1500 平方米的文化广场。广场内建有健身器材，村民可以进行强身健体；村里还有秧歌队，可以在文化广场进行排练。除距离较远的小米屯外，其余四个屯的很多村民在每天 17：30～20：00 会组织打篮球、扭秧歌，既锻炼了身体，又丰富了文化生活。

(四) 农村人居环境整治

1. 自来水供应

1986 年由县水利局发起，在村内各屯打 60～70 米的深水井。除后陈屯 (70～80 户) 村民不同意修建外，其余四个屯 (干沟屯、李家屯、前陈屯、小米屯) 都打了深水井。但是，在 2016 年、2017 年，前陈屯与李家屯深水井被损坏，没有人进行修理，已经不再使用。2010 年，小米屯修好后，因为井房设备被烧毁，也一直也没有使用。2010 年，干沟屯修好后，目前有一半用户 (20 户左右) 在用。各屯每天放水的时间为早、中、晚各一次，每个时间段放水时长为两个小时左右，各时间段具体时间并不固定。在深水井的修建过程中并不收取任何费用，但是村民们需要支付电费 20 元/户/年，管理人员费用 500 元/年。除使用屯内深水井外，村民们使用自己修建的 40～50 米的自家小水井，每户需要花费 3000 元左右。

2. 硬化道路建设

2015 年新建村部 240 平方米，以便于基层组织能够更好地完成工作，方便村民办事不出村。2010 年前"村村通"与 2012 年村干部两次进行整修水泥路。村"两委"经过规划后，积极向上级主管部门反映以帮助村内解决水泥路问题，让村民出行更方便，实现了前陈屯、后陈屯、李家屯、干沟屯四个自然屯与村部道路相通，居住环境也更干净整洁。但是，小米屯与村部的道路还未进行修整，各屯之间和屯内部的公路未修通。

3. 扶贫

2016 年，陈家村共有 32 户贫困户。2017 年，经过危房改造，有 15 户农户脱贫，住房全部改造成砖房，但剩余的 17 户农户大多身体健康出现问题，还未脱贫。

（五）乡村生态保护

村内的农作物秸秆——玉米秸秆大多用来烧火做饭，村内很少有人用煤气，剩余的秸秆被用作牛饲料。村内对春秋季节实施严格的禁烧玉米秸秆的制度，每到季节，由村书记带头，分设三个组，进行全天看守，做到了无一出火点，对环境保护起到了应有的作用。同时，书记也积极地联系玉米秸秆打包机器，秸秆还田，秋季深翻地等措施，防止了焚烧，还起到了土地保护的作用。目前，该村的生态保护建设还比较落后，并未形成一定的体系。

## 三、主要发现和存在的问题

（一）主要发现

课题组调研发现，该村作为玉米种植的传统村落，经济发展水平相对落后，在生态宜居建设方面正处于初步探索阶段。近些年来，该村在农村垃圾的定点治理、厕所整治、美丽乡村建设、农村人居环境整治、乡村生态保护方面都做出了一定的努力，农村的水、电、路等基础设施条件日益改善，基本公共设施经历了从无到有的变化，基本完成了村容整洁的任务，这些为接下来实现生态宜居打下了坚实的基础。而进一步来看，从村容整洁到生态宜居，就不仅要搞好农村房前屋后的垃圾处理、厕所的整治，而且要加强生态建设，在农业农村发展中尊重自然、顺应自然、保护自然，建设人与自然和谐共生的农业农村现代化。

（二）存在的问题

1. 规划的总体设计、行动计划尚不够完善

从调研情况看，从伊通满族自治县到大孤山镇至陈家村，已着手编制乡村振兴的初步规划。但总体看来，规划的总体设计和行动计划尚不够完善，仍然存在很多问题，如就事论事、定位不高、缺乏详细可操作的制度框架和政策体系等。这就需要通过进一步调查研究，明确工作思路和推进行动计划。

2. 缺乏综合整治长效机制

从调研情况看，政府对陈家村进行环境整治本身是一件有利于百姓的事情，但是却存在很多后续问题，例如，村内垃圾在集中收集后并未进行分类处理，厕所设施在安装完毕后并没有相应的管理措施，深水井破坏后无人修理，村里道路未通，田间作业道也未修。可见，在农村环境整治方面，该村只是完成初步性的工作，并未形成系统性综合整治的长效治理机制，很多农户对此不满意。

3. 资金缺乏长效保障

由于资金因素的限制，本村的美丽乡村建设还只是浮于表面，没有办法深入开展美丽乡村建设，特别是以农村基础设施建设为代表的一系列公益性项目，例如垃圾处理、厕所修理、深水井修理、道路维修等项目，如果难以吸引到企业和个人投资，那么受地方政府财力的限制，资金长期保障机制不够稳固，就会存在保障不足的风险。

### 四、对策建议

针对吉林省四平市伊通满族自治县大孤山镇陈家村生态宜居建设现状的调研，针对调研中的发现的问题，笔者提出如下的生态宜居建设实施对策建议：

（一）各级政府加快制订和落实专项规划、实施方案

各级政府加快制订和落实"农村生态宜居建设"的专项规划、实施方案。要明确具体任务，加快推进实施，加强基层参与上述规划、实施方案等制订过程，特别是要让农民真正参与其中，便于政策落地与政策宣传。"乡村振兴战略"已经一步步深入人心，但具体措施和实施步骤需进一步明确。

结合棚户区改造、农村环境整治、城乡一体化建设等，政府应该从农民群众最关心、愿望最强烈的方面入手，大力推进硬化路户户通、无害化厕所改造、小乡村污水处理、绿化亮化提升等工程建设，真正改善村民居住环境，达到建设村容整洁、生态宜居的美丽乡村目标。

（二）建立健全环境整治机制

建立健全环境整治机制就是要建立完整的乡村环境整治体系。当地政府要加强监督管理，村级建立考核奖惩制度，农民要进行基础教育培训以提高文化素质水平，不仅如此，还要与企业或个人进行合作，通过引进先进的处理技术，实现垃圾分类处理、厕所设施日常管理、深水井修理、道路维修等项目得以长效治理的目标，根除"后续"难题，将农村环境整治落到实处。

（三）需要上级政府、金融机构等提供政策和资金扶持

调研发现，农村生态宜居建设需要资金，当地政府希望上级政府、金融机构等提供更多的技术、资金、政策等方面的支持，特别是通过金融机构来解决各地发展中的资金不足问题。具体说来，一是在政策上国家各部委应密切合作，面向国家农村生态宜居建设大战略，出台相关配套支持政策，形成较为完整的政策体系，同时给予地方政府和部门更大的自主权，保证地方政府做事有依据、有空

间。二是在金融政策和具体措施上更加向乡村建设倾斜，鼓励金融机构创新金融形式，更多组织参与农村生态宜居建设。

（四）勇于创新，探索"因地制宜"发展模式

从调研情况来看，根据本村实际情况，当地政府可以首先引导本村主要农作物玉米从小农分散种植向规模化发展，以便推广绿色农业科技，使农民更加科学合理地种植绿色有机玉米，打造独具特色的玉米品牌。在此基础上，与当地的特色旅游相结合，打造生态农业、休闲农业、乡村建设相融合的田园综合体。最终，达到有效解决农村环境污染，促进农民增收的目标。我们应该认识到，各地农村农业产业现状和经济基础状况差异较大，各地发展优势、重点和发展模式也各不相同。各地政府应该主动抓住当地优势资源，大力发展特色产业，宜农则农，宜商则商，宜工则工，因地制宜，富有创新。突出"一村一景、一村一韵"，根据不同村居的资源和条件，精心设计载体，打造特色风貌。

# 附录14 浙江省湖州市安吉县鲁家村生态宜居调研报告

**摘 要**：鲁家村仅仅经过几年的发展，从小山村发展为全国生态宜居建设村的典范。其首创的家庭农场特色发展模式，对推动村内一二三产业联动，推进生态宜居建设都起到了关键作用。鲁家村的突破与创新，引领了新时期的美丽乡村建设，既留住了绿水青山，又使农民真正实现了增收致富，安居乐业，对我国全面推进乡村生态宜居建设有重要的借鉴意义。

**关键词**：生态宜居；家庭农场；休闲观光

## 一、基本情况

鲁家村位于安吉县城东北部，全村总面积16.7平方公里，辖13个自然村，以山地丘陵地形为主，自然资源禀赋较好，低丘缓坡地形适宜发展乡村旅游，土地较为集中。全村现有人口数为2200人，其中有村民小组16个，农户610户，党员86名。鲁家村曾是远近闻名的落后村、空心村，发展至今已成为全国美丽乡村精品示范村，更首创了家庭农场集聚发展的特色模式。

2011 年初村里换届，朱仁斌当选村党支部书记，当时村集体年收入不足 2 万元，账上只有 6000 元，还背负着 150 万元的外债。村级集体经济收入从 2011 年的 1.8 万元，增长到 2017 年的 333 万元。人均收入 2011 年为 19500 元，到 2016 年已达到 32850 元，2017 年进一步提高至 35615 元。村集体资产从 2011 年的不足 30 万元发展到如今的 2 亿元。经过 5 年的发展，鲁家村无论从生活设施的建设、人均收入的提高还是村民素质的提升上，都实现了跨越式的发展，由穷困小山村蜕变为明星致富村。

2017 年 8 月，鲁家村入围全国首批 15 个国家田园综合体试点项目，先后获得国家发展改革委等 7 部委批准的"首批国家农村产业融合发展示范园""全国十佳小康村""全国农村优秀学校型组织"等多项荣誉称号。

安吉鲁家休闲农业专业合作社作为浙江省首家休闲农业合作社，成立于 2017 年 3 月 22 日，注册资本 1000 万元。运用合作社的模式，发展休闲农业，集中体现了农业三统三共、利益联动的新机制和"公司＋村＋农场"的新模式。自 2013 年开始摸索建设休闲农民专业合作社，截至目前已建成 18 个不同类型、差异化特色发展的家庭农场。鲁家村以家庭农场为发展主体，创建农场式民宿新业态，不断拓展农业的新功能，充分展现出鲁家村的生机与活力。

### 二、推进整村式环境改造

起初鲁家村 16.7 平方公里的土地上，没有一个垃圾桶。泥巴路、土坯房，房前屋后的臭茅坑，尤其是到梅雨天，村道污垢不堪。鲁家溪是村里的母亲河，河床里满眼垃圾，若遇连续大雨经常发洪水。

鲁家村在朱仁斌的带领下，首先从拆简易厕所和破烂草屋开始治理。拆迁赔偿款是他拿出 50 万元先行垫付的，又自掏腰包拿出 8.5 万元，在村民家门口都摆放了垃圾桶，而后通过雇保洁员、选妇女队长监督等多种方式维护环境卫生，建设污水管道，三个月的有效治理，使鲁家村村容村貌焕然一新，村民们往日随手乱扔垃圾的习惯也得到了改变。

鲁家村积极创建美丽乡村精品示范村。村里需要 1700 万元的建设资金，即使创建成功，政府的奖补资金也只有 357 万元，这对于负债累累的鲁家村来说根本无力承担。于是朱仁斌采取多种方法进行筹资：一是通过盘活村里的闲置资产，筹得 500 多万元；二是通过多方走访获得各项涉农项目资金 600 万元；三是从 20 名在外成功创业的老乡处筹款 300 万元。在项目施工过程中，由于资金不能到位，为不影响工程进度，他又以个人名义担保为村里的建设借款。鲁家村就这样一边筹钱一边干，修建办公楼，建造篮球场、幼儿园、老年活动中心；拓宽通村公路，亮化、绿化村庄；每个自然村都建了化粪池和污水处理池。当年，4个自然村通过了县美丽乡村精品村的考核，在这种示范带动作用下，剩下的自然村纷纷效仿。两年后，鲁家村成功获得"美丽乡村精品村"的称号。

### 三、打造"公司＋村＋家庭农场"经营模式

2013年中央一号文件首次提出"家庭农场"概念。家庭农场以土地流转为目标，创新流转方式和经营模式，通过家庭经营方式的升级，使分散的小农经营发展为家庭农场的适度规模经营，鲁家村有1万多亩低丘缓坡，十分适合发展农场。朱仁斌抓住有利时机，出资300万元，聘请高端专业团队，对全村按4A级景区标准，进行综合规划和设计；设置18个家庭农场，根据区域功能划分，量身定制各自的面积、风格、位置、功能等，以18个各具特色的农场为载体，以"公司＋村＋家庭农场"为经营模式，启动了全国首个家庭农场集聚区和示范区建设。

综观整个规划，18个家庭农场各有侧重，错落分布在东南西北四大区块，通过市场化运作引进工商资本累计投资超过了20亿元，引进了中药农场、花园农场、万竹农场等项目，实现公司、村、家庭农场三方共同体共赢共利。

特色农场主要体现在"差异化"。东区农场包括：①葫芦农场。由安吉中小微企业投资建设，立足于葫芦制种及景观，打造葫芦娃系列高端亲子园。②桃花农场。由安吉人沈月娣自主创业，投资建设，立足桃园景观，打造清雅民宿。③生态科技农场。建设主体为科研人员，主要以提取动物血清为主，结合科研产品，打造学生科普教育基地。

南区农场包括：①竹园农场。建设主体为中小微农业企业，立足于观赏各类竹种的生产和销售，结合山、水、田景观，开发乡村旅游。②牡丹农场。建设主体为安吉派驻本村科技特派员，以花为媒，北花南移，主要侧重于培训技术与苗木销售。③蔬菜农场。由返乡农民工马礼江建设，主要种植地方菜种，结合土灶、亲子游、农事体验，开发休闲产品。④果园农场。建设主体为返乡农民工姚明月，以果为基，结合四季果花、果实，开发科普采摘活动。⑤灵芝农场。由大学生柏文自主创业，依托专业知识，立足菌类的研发与生产、销售，创新菌类制作。⑥野猪农场。由返乡农民工左伟伟建设，立足于野猪驯养，结合体育竞赛，

开发亲子游和专业赛事产品。

西区农场包括：①野山茶农场。由鲁家村农民朱仁元投资建设，农场立足于野山茶的种植、销售，突出野山茶文化，打造休闲、养生、康体园区。②红山楂农场。由鲁家村农民刘水根投资建设。立足红山楂优良品种培育，调整产业重心，打造高端民宿。③高山牧场。由鲁家村本地农民张小华投资建设，立足改变地被植物，充分开发森林资源，建设户外体验群落。

北区农场包括：①铁皮石斛农场。由鲁家村本地农民李国香自主创业建设而成，依托浙江大学基地，开展铁皮石斛的种植与销售。②美冬青农场。建设主体为专业合作社。农场立足于北美冬青与高白杜鹃的研发与种苗销售，并运用生产基地开发观光园。③中药农场。建设主体为科研人员，依托上海中药机构，种植加工中成药，并运行养生产业。④葡萄农场。建设主体为鲁家村本地农场主庄传云，立足白茶与林下经济作物，开发休闲旅游。⑤鲜花农场。建设主体为科研人员，依托基地花卉打造婚庆、禅修等养生产品研发，进行花卉花茶生产、销售。⑥彩色树种农场。建设主体为科技特派员，立足"针改阔"与彩色树种培育，打造彩色树种经济、景观效益共赢的生态物候。

2015年，鲁家村用一条长达4.5公里的轨道列车，将18个家庭农场有机串联，成为一道独特的风景线，实现了鲁家湖、游客集散中心、文化中心、体育中心——"一湖三中心"的基础设施建设；实现了"村庄美化、道路硬化、庭院绿化、村组亮化、水源净化"的"五化"工程，再融入休闲农业、民宿餐饮等经营业态，使整个村子变成了远近闻名的旅游生态观光度假区。

总的来说，鲁家村的家庭农场集群是对休闲农业和乡村文化旅游在模式上的创新，特别对于大型农业园区或村集体主导下的休闲农业和乡村文化旅游的发展，具有重要的借鉴意义。

一是采取类众筹的方式，借助社会化的力量，突破了资金、人才的"瓶颈"，实现了资源资产资金的聚合。二是解决了规划的统一性和定位的差异化的问题。美丽乡村，规划先行。早在2013年鲁家村就启动了家庭农场建设模式的探索，起步早，而后又不断革新。三是着力打造乡村生态圈多方共赢的合作机制。鲁家村注重生态圈的建设，18家农场不是孤立的存在，在它的周围，分布着村民自主经营的农家乐、民宿、农副产品，为农场提供配套服务。四是建设规划有特色，村里修建了游客服务中心、风情街、10公里绿道和4.5公里村庄铁轨等设施，为游客出行提供方便和多样化的选择。五是主动营销推广，提升乡村知名度。村里成立了旅游公司进行统一宣传，并不断加强宣传力度，扩大鲁家村的知名度。六是注重人才培养，村里成立了乡土职业培训公司，为入驻的企业和创业者提供了有力的保障。

### 四、"产业发展＋科技创新"，建设美丽乡村

鲁家村的美丽乡村建设离不开与产业发展的有机结合，离不开科技创新的力量。鲁家通过"星创天地"来发展现代农业的众创空间，"星创天地"简单地说就是环境比较好的创业平台，这种平台为科技特派员在农村创业创新提供一个良好的环境，降低创业门槛和风险，是农村"大众创业、万众创新"的有效载体，是新型农业创业创新"一站式"开放性综合服务平台，它将通过市场化机制、专业化服务和资本化运作方式，利用线下孵化载体和线上网络平台，聚集创新资源和创业要素，促进农村创业创新的低成本、专业化、便利化和信息化，以可持续的方式不断转化绿水青山。打造"星创天地"，对于进一步激发农业农村创业创新活力，引领经济转型升级和产业结构调整，加快一二三产业融合发展具有重要意义。

阿鲁阿家乡土乐园·星创农场则是以安吉乡土农业发展有限公司为主体，对鲁家村村域范围进行统一规划，建设游客接待场所、交通系统及风情街等主要场所，同时设计 18 家不同类型的差异化家庭农场，吸引科技特派员、大学生、返乡农民工、职业农民、科技企业等各类创业创新人才投资创业。这种以区域性的"公司＋村＋农场"统分结合、共建共享的星创农场模式，充分利用农村闲置土地，建立差异化的家庭农场，展示推广农业新品种、新技术、新装备，形成集科教、种植、养殖、运动、体育、休闲、农业、服务于一体的绿色生态产业园，带动各个层面的农户自主创业，成为开拓创新美丽乡村经营的新模式。

星创农场统一规划布局、统一使用"鲁家村"品牌、统一销售运营，实现共建共营、共营共享、共享共赢，既促进了农业生产的发展，又利用农业生产场所和环境开发乡村旅游观光业，形成民宿、农产品销售、农业观光为主的休闲农业产业化发展模式。依托星创农场自身的农产品展示中心，各农场将自己的特色产品向游客进行展销，同时星创农场开发了自己的网上销售平台，统一在线上销售农产品，并建立"阿鲁阿家众创开心农场"，以蔬菜配送的方式将各农场的农产品送到居民家中。

### 五、实现村集体与优质企业联姻

2015 年 1 月，鲁家村与浙北灵峰旅游公司签订协议成立新的旅游公司，由对方出资 2500 万元建设游客中心、火车站，购买小火车、电瓶车等，占 51% 股份；村里负责火车轨道、电瓶车道、绿道、绿化、水环境建设等，占 49% 股份。村里的项目建设资金通过争取各类项目奖补获得，村里的股份按村民人数均分并发了股权证。

全村 7000 亩流转土地，平均每户的租金约为 8000 元；700 人在自家田里就业，2017 年发放工资 2000 多万元；100 多名年轻人返乡创业，已有 30 余户人家将房屋改造成精品民宿，每户年收入在 20 万元以上；还有 60 多人在村里开起了各种店铺。2014 年，村里总资产评估为 98.5 万元。除去 20% 风险金，剩余 80% 的资产量化后折算成 78.8 万元，根据全村在册人口数 2099 人计算，每股价值 375 元。2017 年 7 月 1 日村级资产评估达 1.45 亿元，根据同样的方法计算，除去投资，每股价值为 1.9811 万元。

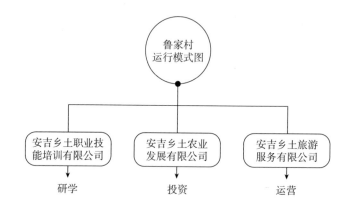

鲁家村的发展日益规范，不断壮大。2015 年 1 月 20 日注册成立安吉乡土农业发展有限公司，进行相关投资业务的拓展；2016 年 4 月 1 日注册成立安吉乡土职业技能培训有限公司，又名鲁家两山学院，进行研学；2017 年 3 月 22 日成立安吉县鲁家休闲农业专业合作社，2017 年 9 月 20 日注册成立安吉乡土旅游管理服务有限公司，进行公司资本化的规范运营。

乡土乐园·星创农场 2016 年 11 月被国家科技部列为国家第一批星创天地，2017 年 10 月获得省科技厅星创天地备案，随着鲁家村星创农场的快速发展，大批创客开始关注并积极投资鲁家这片创业热土。

### 六、鲁家村的突破与创新

自 2003 年以来，连续 15 年的中央一号文件都聚焦于农业、农村、农民问题，但要真正实现村民富裕，仅靠国家政策的扶持是不够的。乡村要因地制宜，利用好自身的区位优势和特点，打造乡村本土特色品牌，增强自身"造血"能力，要形成独特且可持续的发展模式，才能稳定发展。安吉鲁家村的发展，已成为全国乡村建设的标杆。鲁家村是乡村生态宜居建设的典型案例，鲁家村的突破与创新有以下六个方面：

（一）挖掘乡村可利用资源

鲁家村依托村内宅基地、集体建设用地、闲置土地、山林等资源，通过土地流转等具体操作方式，一方面集约土地，合理规划布局；另一方面将土地资源转化为资本，广泛吸引外来企业的进入乡村，盘活土地资源。截至目前，鲁家村已成功引入外来工商资本近 20 亿元。

鲁家村启动了全国首个家庭农场集聚区和示范区建设，为建设美丽乡村，发展家庭农场，以"公司 + 村 + 家庭农场"的模式，将村庄建设成为"有农有牧、有景有致、有山有水、各具特色"的美丽乡村田园文化综合体。先期设置的 18 个家庭农场，则根据区域功能划分，量身定制各自的面积、风格、位置、功能等。其中包括一个核心农场，位于中心村，其余 17 家农场错落有致地分布在四周。18 家农场分别以野山茶、特种野山羊、蔬菜果园、绿化苗木、药材等产业为主，没有一家重复，这是鲁家村家庭农场的特色。此外还设计了一条 4.5 公里的环村观光线，将分散的农场串点成线，使之成为一个整体。

（二）合理规划村庄布局

鲁家村坚持按照村庄原有的脉络进行梳理，在村"两委"的策划和监督下，整体布局村庄建设充分用活村内的旧屋、河道、果林、菜园等素材，打造富有乡村特点的乡村，而不是仿照小城镇或者城市化建设中的元素。鲁家村花费 300 万元，邀请设计公司对整个村庄进行村庄环境规划、产业规划和文化旅游规划，通过创新产业规划设计，打造合理的乡村空间格局、产业结构、生产方式和生活方式。

一方面，积极打造富有地方特色的文化旅游品牌，促进乡村生态保护与旅游共发展；另一方面，积极吸引外出务工的年轻人回到村庄，参与乡村建设，为乡村发展注入新活力。鲁家村将规划与运营有机结合，让美丽乡村产生了可观的经济收益，随着其建设的日益完善，也吸引了很多邻近村屯的居民来此创业。

（三）加快村内产业融合

2013年中央一号文件提出，鼓励和支持承包土地向专业大户、家庭农场、农民合作社流转。其中，"家庭农场"的概念是首次在中央一号文件中出现。鲁家村紧跟步伐，提出了打造家庭农场聚集区的理念，在全村范围内建设了18家差异化的农场，其中鲜花农场的投资资金高达6亿元。

鲁家村在发展的过程中，注重一二三产业融合发展，发展创意农业，把田园变乐园，村庄变旅游景区，大幅提高土地的收益。让生产劳动更具乐趣，让加工生产更具体验性，提升产品价值。并且开发伴手礼等文化旅游土特产品，扩大知名度，形成收益的互补。

（四）坚持市场化运营

鲁家村坚持市场主导，企业为主体的原则，走市场化道路，成立经营公司专注景区的管理和营销宣传。通过市场化的机制让农场开发与之相适应的不同类型、不同层次、不同规模的乡村旅游产品，各个农场内休闲项目通过有机组合而形成若干条旅游线。

文化旅游休闲项目可融合乡村观光、游乐、休闲、运动、体验、度假、会议、养老、居住等多种旅游功能，打造特有的"田园综合休闲旅游"，如开设垂钓、果蔬采摘、农业文化体验等项目，形成各具特色的文化旅游项目，从而带动整个区域的发展。

（五）完善组织架构

鲁家村采用"公司＋村＋家庭农场"的组织运营模式，投资成立三家公司，分别负责串联游客接待场所、交通系统、风情街、18个家庭农场等主要场所；专门做营销宣传；为鲁家村民、村干部、创业者、就业者提供乡村文化旅游方面的培训等。3家公司均由鲁家村集体占股49%，旅游公司占股51%。在农场的投资运营层面，鲁家村引入外部资本对农场进行项目投资和运营管理。目前，已有10多亿元的工商资本投资这些家庭农场。

（六）利益机制分配合理

鲁家村建立了完善的利益分配机制，使村集体、文化旅游公司、家庭农场主和村民都能从中获得相应的收益，调动了各方的积极性。创设了合作分红机制，由村集体、文化旅游公司、家庭农场主按照约定比例进行利益分配，村民再从村集体中享受分红。